ÉTUDE

SUR

L'ART CHRÉTIEN

Paris. — Typographie Firmin-Didot frères, fils et Cie, rue Jacob, 56.

ÉTUDE

SUR

L'ART CHRÉTIEN

PAR

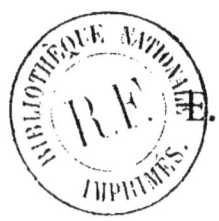 E. CARTIER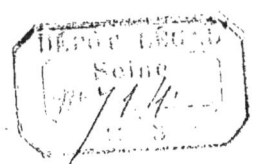

PARIS

LIBRAIRIE DE FIRMIN-DIDOT FRÈRES, FILS ET CIE

IMPRIMEURS DE L'INSTITUT DE FRANCE, RUE JACOB, 56

1875

Reproduction et traduction réservées.

Cette étude sur l'art chrétien devait paraître comme appendice au livre de M. Louis Veuillot, et je m'étais scrupuleusement renfermé dans le nombre de pages qui m'avaient été demandées; mais l'abondance des gravures a diminué la place promise et a nécessité des retranchements qui nuisent à l'ensemble de mon travail. Messieurs les éditeurs ont bien voulu en publier à part le texte complet. Les principes de l'art chrétien, que j'ai cherché à formuler, réclameraient, pour être bien compris, de plus grands développements; j'ignore si Dieu me permettra de les donner un jour.

E. CARTIER.

TABLE DES MATIÈRES.

Pages.

I. L'ART DE DIEU, MODÈLE DE L'ART DE L'HOMME.

Définition de l'art. — L'art de l'utile et l'art du beau. — Dieu, principe et perfection de l'art. — Les idées éternelles. — Le vrai, le beau et le bien absolus. — Cause et fin de l'art de Dieu : sa justice et sa bonté. — Ses moyens, la création du monde visible et invisible. — L'art de l'homme doit être l'imitation de l'art de Dieu. — Son art personnel et extérieur. — L'homme orateur, architecte, sculpteur et peintre. — Définition des différentes branches de l'art. 3

II. L'ART DE L'HOMME AVANT JÉSUS-CHRIST.

Perfection de l'art de l'homme. — Adam et Ève artistes. — La séduction du beau. — Son altération par le péché. — Obscurcissement de l'idéal divin. — La tour de Babel. — Variétés du langage et de l'art. — Beautés de l'art ancien expliquées. — Du symbolisme dans l'art. — Cause de la supériorité des Grecs. — Décadence et corruption de l'art. . . . . , ... 10

III. JÉSUS-CHRIST, HOMME-DIEU, TYPE ET SOURCE DU BEAU.

Jésus-Christ, art du Père par sa génération éternelle, par la création, par l'incarnation. Jésus-Christ centre de la création. Il rend seul l'art de Dieu et l'art de l'homme parfaits. — L'incarnation nécessaire aux anges mêmes. — Jésus-Christ rétablit la ressemblance divine dans l'homme. Il est le type et le modèle du beau. — Sa beauté naturelle et surnaturelle communiquée à la sainte Vierge et aux saints. Jésus-Christ, artiste des âmes. 16

IV. JÉSUS-CHRIST MAITRE DE L'ART CHRÉTIEN.

L'art uni à Jésus-Christ par la vérité et l'amour. Son éducation par l'Église. — La liturgie. — L'Ancien et le Nouveau Testament. La musique. Le chant grégorien. — Règles données par S. Bernard. — Le sacrifice de la Messe. — La journée et l'année liturgiques. — Le symbolisme spiritualise la nature entière. — Unité, universalité et perpétuité de l'Église communiquées à l'art chrétien. 24

V. L'ARCHITECTURE CHRÉTIENNE.

Origines religieuses de l'architecture. Différence entre l'architecture ancienne et l'architecture chrétienne. — Les catacombes. — La basilique. Unité et variété de l'architecture chrétienne. — Architecture byzantine. — La croix grecque et la coupole. —

Architecture ogivale. — L'art religieux, monastique et laïque. — La France est le berceau de l'architecture ogivale. Prétentions de l'Espagne, de l'Angleterre et de l'Allemagne. — Du style ogival en Italie. — Beauté intérieure et extérieure des églises. Architecture des monastères. Ameublements des églises. — L'architecture chrétienne dirige la sculpture et la peinture.. 33

VI. LA SCULPTURE BAPTISÉE.

La sculpture antique. — Du culte de la beauté chez les Grecs. Leur passion du nu. — Le Christ rend la sculpture chaste. — Idéal de la beauté morale. — Valeur esthétique et expressive des draperies. — Fécondité de la sculpture chrétienne. Façade des églises. Supériorité de la sculpture en France. — Portail de Notre-Dame de Paris. — La théologie sculptée. — Statues de la cathédrale de Chartres. — Ornementation. — Flore monumentale. — Bestiaires. — Sculptures à l'intérieur des églises. — Ivoires. — Diptyques. — Tombeaux chrétiens................................... 44

VII. LA PEINTURE CHRÉTIENNE.

Son apostolat. — Peintures des catacombes. — Des types païens employés. — Sujets principaux. Leur mérite artistique. — Mosaïques des basiliques. — Peintures murales et décoratives. — Vitraux. — Leur importance. — La miniature, école des peintres. — Les manuscrits grecs et latins, source de l'iconographie chrétienne. Origine religieuse de la gravure. — La plus ancienne gravure, d'après un document de 1411. — La gravure sur bois employée à l'enseignement du peuple. — La *Bible des pauvres*. — L'*Histoire de la Vierge*, d'après le Cantique des Cantiques. — La gravure au burin en Flandre, en Allemagne, en Italie. — Martin Schongauer. — Lucas de Leyde. — Albert Durer. — Marc Antoine. — Influence de l'école de Rubens sur la gravure........ 56

VIII. PROGRÈS ET GRANDEUR DE L'ART CHRÉTIEN.

Du développement de l'art chez les peuples. — Périodes hiératique, savante et naturaliste. — Conditions favorables de l'art chrétien. — Comment doit être étudiée l'histoire de l'art. — Rome, centre de l'art chrétien et de l'orthodoxie. — L'art byzantin. Quelle a été son influence sur l'Occident. — Charlemagne à Rome. — L'art chrétien en Allemagne et en France. — Saint Grégoire VII. Les croisades. Saint Louis. — Le XIVe siècle en Italie. — La grande école du Giotto. — Le progrès au XVe siècle. — Le pape Nicolas V. — Brunelleschi. — Ghiberti. — Masaccio. — Fra Angelico de Fiesole....,..,....... 74

IX. LA RENAISSANCE. DÉCADENCE DE L'ART CHRÉTIEN.

Du principe de la Renaissance. Lutte de Savonarole contre la Renaissance. Influence des Médicis. — Léon X. Raphaël et l'art chrétien. L'école ombrienne. — Les Madones du Pérugin et de Raphaël. — Les peintures du Vatican. — La Farnésine. — Michel-Ange. Son influence désastreuse sur l'art. Son Jugement dernier blâmé par l'Arétin. — La Renaissance fait perdre à l'art son unité. — La Renaissance en France. — Michel Colombe. Les frères Juste. Le Poussin. Le Sueur. — La Renaissance en Allemagne. — L'ancienne école flamande. Bruges. Van Eyck. — Memling. — Anvers. Frans Floris. — Rubens, cause de décadence pour l'art. — La Renaissance en Espagne. — Murillo. — La Réforme et la Révolution filles de la Renaissance. — Destruction des œuvres d'art. — L'art chrétien à notre époque. — L'archéologie. — Les marbres de l'Emporium distribués par Pie IX. — L'Église du Sacré-Cœur..... 84

ÉTUDE

SUR

L'ART CHRÉTIEN.

AVANT-PROPOS.

Signatum est super nos lumen vultus tui, Domine.
Ps. IV, v. 7.

La vie de Notre-Seigneur Jésus-Christ est l'œuvre d'art par excellence, car elle est la manifestation parfaite du vrai, du beau et du bien absolus.

Après avoir proclamé la génération éternelle du Christ, saint Jean a dit : « Le Verbe s'est fait chair et il a habité parmi nous, et nous avons vu sa gloire, la gloire du Fils unique du Père, plein de grâce et de vérité. » L'Incarnation du Verbe a été le salut du monde; elle lui a donné la vie qui est la lumière des hommes et cette vie et cette lumière ont purifié et renouvelé l'humanité. Les peuples ont reçu du Christ une loi de justice et d'amour qui peut seule leur assurer des destinées heureuses et fécondes.

Comment cette vie de Notre Seigneur, si puissante sur la société, serait-elle sans effet sur l'art qui en est l'expression?

L'art aussi a été régénéré, baptisé; il a vécu de la vie du Christ, il est devenu chrétien. Dieu, qui a tout fait pour son Fils et qui lui a donné les nations en héritage, a voulu que l'art glorifiât son règne sur la terre et qu'il lui élevât des temples magnifiques, où il serait loué et adoré par des chefs-d'œuvre.

L'art est dans l'homme un trait de ressemblance divine. Dieu, par la création, nous a manifesté ses idées éternelles, afin de nous révéler sa gloire et de nous faire participer à son bonheur. Il nous a prêté les moyens de son art, pour que nous soyons artistes comme lui et que nous puissions communiquer à nos semblables ce que nous avons vu dans notre intelligence, ce que nous avons aimé dans notre volonté.

Notre art devait être juste et bon comme celui de Dieu ; il devait exprimer le vrai et le bien par le beau et rendre un légitime hommage au Créateur. L'homme a abusé de l'art comme de la liberté. Au lieu de consacrer sa puissance artistique à la gloire de Celui qui la lui avait donnée, il l'a prostituée aux mensonges de l'idolâtrie et aux caprices des passions. L'art a déserté ses relations divines pour se faire le courtisan et l'esclave d'une société corrompue. Notre-Seigneur Jésus-Christ pouvait seul le racheter de l'erreur et le rendre à la sainteté de son origine.

Notre-Seigneur Jésus-Christ est venu relever l'art de sa chute. Il a été pour l'art de l'homme la voie, la vérité, la vie : la voie, en le conduisant des ténèbres à la lumière ; la vérité, en lui montrant par sa doctrine toutes les splendeurs du beau ; la vie, en se donnant lui-même comme la sève surabondante d'un progrès sans limites. L'homme-Dieu est l'artiste parfait. Comme Dieu, il est l'art du Père, par sa génération éternelle, puisqu'il est la splendeur, la forme de sa substance ; par la création, puisqu'il est le Verbe, la Parole qui a fait toutes choses ; par l'Incarnation, puisqu'en revêtant notre humanité, il a réalisé tout le plan divin.

Comme homme, le Verbe est le type du beau naturel et du beau surnaturel. Non-seulement, il est le plus beau des enfants des hommes, mais il est le plus saint, le seul saint même, car la sainteté, qui est la beauté morale de tous les êtres, ne peut être qu'un écoulement, une participation de sa sainteté. Et cette beauté, cette sainteté humaine et divine du Christ est la lumière et la gloire de l'éternité.

Notre-Seigneur a été le Rédempteur de l'art, en lui donnant, avec son sang, sa science et son amour. Il lui a fait connaître le Père et lui a laissé les deux commandements qui n'en font qu'un. L'art de l'homme, en aimant Dieu et le prochain, est devenu juste et bon, comme l'art de Dieu, son modèle.

Notre-Seigneur a confié l'art à son Église et l'a fait participer à toutes ses prérogatives par l'unité, l'infaillibilité, l'universalité et la perpétuité de sa doctrine. Il a créé pour lui une source permanente d'inspiration dans la sainte liturgie, cette parole vivante de la prière et de l'enseignement, cette éloquence, cette poésie sublime de l'Ancien et du Nouveau Testament, commentée par les saints Pères et augmentée de siècle en siècle. Il l'associe à toutes les magnificences de son culte, et il lui prodigue par le symbolisme tous les trésors de la création.

L'architecture, la sculpture et la peinture s'unissent pour bâtir et orner ses temples, et elles parviennent par lui à une puissance et à une fécondité qu'elles n'avaient jamais connues.

L'histoire de l'art ne se comprend qu'à la lumière du Christ, parce que la cause de ses grandeurs et de ses décadences se trouve dans ses rapports avec la vérité. L'art fidèle au Christ a progressé depuis les catacombes jusqu'à la Renaissance; mais, au seizième siècle, il s'est séparé du Christ et il a été puni de son apostasie par une prompte décadence.

L'art véritable ne peut vivre que de la séve de l'Église. Le schisme l'immobilise; l'hérésie le proscrit, et le rationalisme, aussi incapable de produire le beau que de découvrir le vrai, ne peut que l'entraîner dans la corruption du sensualisme. Ainsi l'erreur rend témoignage au Christ comme la vérité, et ce double témoignage montre quelle est pour l'art la loi de sa vitalité. L'Église, qui a des promesses éternelles, y fait participer tout ce qu'elle vivifie, et l'art, malgré ses infidélités passées, peut espérer un avenir meilleur : il doit se renouveler dans le Christ : *Instaurare omnia in Christo*.

I. L'ART DE DIEU, MODÈLE DE L'ART DE L'HOMME.

L'art est la règle et l'ensemble des moyens pour bien faire une chose. Cette définition générale de l'art en donne une grande idée; car, pour suivre cette règle et choisir l'ensemble de ces moyens, il faut un être intelligent et libre. L'artiste est supérieur à tous les êtres qui subissent une force, ou obéissent à un instinct. Son œuvre réclame le concours des plus nobles facultés; elle est une création de l'intelligence et de la volonté, une révélation de l'invisible et une communication des âmes dans la sphère du vrai, du beau et du bien.

L'art est une des gloires de l'homme, un trait de sa ressemblance divine et comme le couronnement de sa royauté. L'artiste exerce sa puissance dans l'activité de sa double vie. Il a une vie matérielle, passagère, soumise à de continuels besoins. Il doit se nourrir, se vêtir, s'abriter, se défendre et se procurer tout ce qui peut lui donner des jours nombreux et prospères. L'art lui enseigne la règle et l'ensemble des moyens d'obtenir les choses utiles et agréables. L'agriculture lui apprend à féconder la terre, à creuser un sillon, pour y récolter, avec l'aide du soleil et de la rosée, une riche moisson. L'industrie multiplie ses instruments de travail, façonne pour lui le bois et les métaux, tisse les étoffes et rend commode sa demeure. La navigation et le commerce abrégent les distances et facilitent les échanges. Tous les efforts de l'homme, qui tendent à sa conservation et à son bien-être, ont une méthode particulière, un art spécial. Et ces arts ont été appelés les arts mécaniques ou serviles, parce que les forces physiques et la matière y jouent un grand rôle, et qu'ils ont pour objet les besoins du corps qui sont une dépendance, une servitude pour l'âme, la partie la plus élevée de notre être.

Les arts libéraux, au contraire, s'exercent dans une sphère supérieure. Leur but est de satisfaire et de développer cette vie de l'âme qui s'alimente de science et d'amour. L'âme est une intelligence qui a besoin de connaître et une volonté qui a besoin d'aimer ; l'art a des règles, des moyens pour la satisfaire ; et ces règles, ces moyens s'appellent les beaux-arts, parce que leur objet principal, essentiel, est la manifestation du beau. Le beau est la splendeur du vrai et du bien. C'est par le beau que l'âme connaît le vrai et le bien qui plaisent à l'intelligence et qui charment la volonté. L'art du beau est donc le grand art qu'il ne faut pas confondre avec l'art de l'utile, auquel il peut être uni cependant, comme sont unis deux frères qui travaillent ensemble au bien-être et à la gloire de leur maison. L'art de l'utile donne à l'art du beau la matière et les instruments de ses chefs-d'œuvre ; et l'art du beau prête à l'art de l'utile la grâce de ses formes et la richesse de ses ornements.

Dieu est l'essence, la plénitude, la perfection de l'art. Dieu est l'art absolu, la règle véritable de tout ce qui a été fait. Dieu est le principe de l'art par les idées qu'il possède et qu'il communique aux êtres intelligents et libres. Dieu est le but de l'art, parce que tout ce qui a été fait par lui a été fait pour lui, l'Infini ne pouvant agir que pour lui-même. Dieu est le moyen de l'art, parce qu'il est la source du beau et parce qu'il a créé la matière et la forme pour se manifester. Dieu est la règle de l'art, parce qu'il est l'artiste des artistes, leur maître et leur modèle. L'art de l'homme doit imiter l'art de Dieu, et en être la continuation, le développement.

Dieu a donné de lui trois définitions qui doivent ravir la raison humaine. Il a dit : *Ego sum qui sum.* « Je suis celui qui suis. » Je suis l'être véritable. J'ai la perfection de l'être. *Ego sum lux mundi.* « Je suis la lumière du monde. » Je suis la lumière qui se comprend et qui fait comprendre. J'ai la perfection de l'intelligence. *Deus charitas est.* « Dieu est charité. » Je suis le souverain Bien et j'unis tout par l'amour. Et le Verbe divin, après nous avoir ainsi affirmé son être, son intelligence et sa volonté, nous initie à sa vie intérieure, en nous nommant le Père, le Fils et le Saint-Esprit. Le mystère de la sainte Trinité est le dogme qui nous fait le plus comprendre l'art de Dieu, et toutes ses œuvres en portent l'empreinte. La Foi nous fait adorer, dans l'éblouissement de la lumière, le Père ou le Principe qui engendre le Fils, le Fils qui est engendré du Père et le Saint-Esprit qui procède du Père et du Fils, et ces trois Personnes sont distinctes dans l'unité de leur nature. Elles sont un seul Dieu, une seule infinité, une seule sainteté, une seule justice, une seule puissance, une seule vie.

Les idées vivantes et éternelles, qui sont le principe de l'art de Dieu, ont trois attributs distincts dans une admirable unité. Ce sont le vrai, le beau et le bien absolus. Ces attributs répondent aux trois grandes définitions de Dieu. Dieu est le Vrai, parce qu'il est; Dieu est le Beau, parce qu'il est la lumière; Dieu est le Bien, parce qu'il est charité. Il est l'origine, la forme nécessaire de tout ce qui est vrai, de tout ce qui est beau, de tout ce qui est bien dans les êtres. Dieu est le Vrai absolu, puisqu'il est le créateur de tous les êtres, et que, sans lui, l'être ou le vrai ne serait pas. Dieu est le Beau absolu, parce qu'il est le centre, l'unité, la raison de tous les êtres. Dieu est le Bien absolu, puisqu'il est la fin et le bonheur de tous les êtres, et la contemplation de ce vrai, de ce beau, de ce bien qui est dans l'Artiste suprême lui donne une jouissance et une gloire infinies.

Ces trois attributs métaphysiques de l'art sont une image fidèle de la sainte Trinité; car, dans l'unité d'une œuvre, le vrai engendre le beau et le bien procède du vrai et du beau. Le beau fait connaître le vrai, parce qu'il en est la ressemblance; et le terme de cette union, de cette convenance du vrai et du beau, est le bien dont jouissent l'intelligence et la volonté. Ces attributs n'ont qu'une essence. « Notre esprit, dit Cousin, les distingue, parce qu'il ne peut rien comprendre que par division; mais, dans l'être où ils résident, ils sont indivisiblement unis, et cet être, à la fois triple et un, qui résume en lui la parfaite beauté, la parfaite vérité et le bien suprême, n'est autre chose que Dieu. »

Nous connaissons le principe de l'art divin. Quel en est le but? quel motif a déterminé la puissance infinie? pourquoi Dieu s'est-il manifesté? Nulle cause ne pouvait s'opposer à cette manifestation. N'est-il pas conforme aux attributs de Dieu de se communiquer? La lumière se répand sur les êtres, sans changer et sans s'épuiser; ses rayons la glorifient, sans la diminuer ou l'augmenter.

Dieu certainement n'avait pas besoin de se manifester. La connaissance et l'amour qu'il avait de lui-même suffisaient à son bonheur, et ce n'est pas l'intérêt qui pouvait déterminer sa puissance. Quel est donc le motif, le but de son art souverain?

Dans la contemplation de ses idées éternelles, Dieu a vu des êtres possibles, capables de reproduire son image et de refléter, à des degrés différents, sa vérité, sa beauté, sa bonté, des êtres capables de le connaître, de l'aimer, de vivre, par conséquent, de sa vie et de partager son bonheur. Ces êtres possibles, il les a aimés, et il les a créés parce qu'ils portaient sa ressemblance et qu'il pouvait les rendre heureux, en leur donnant l'existence.

Cet acte de l'art divin nous révèle sa justice et sa bonté. La justice rend à chacun ce qui lui est dû. L'art de Dieu est juste; car Dieu ne peut rien faire de plus juste que de se rendre gloire à lui-même, en se manifestant à des êtres capables de le connaître et de l'adorer. L'art de Dieu est bon, puisqu'il a pour objet de nous rendre heureux, et que la bonté parfaite consiste à rendre heureux les autres et à leur communiquer, autant qu'on le peut, son propre bonheur. Si la justice est la cause première de l'art de Dieu, la bonté en est la cause finale, et c'est nous qui en avons le bénéfice. Dieu n'a été juste envers lui par la création, que pour nous faire participer à sa béatitude, et c'est à ce but qu'il a subordonné tous ses moyens : il a tout fait pour ses élus.

La Genèse nous raconte l'œuvre de l'Artiste suprême, et nous fait assister au développement progressif de l'être, du mouvement et de la vie dans les corps inorganiques, dans les plantes et les animaux. L'univers grandit dans l'ordre et la lumière; rien n'est isolé, rien n'est inutile; tout s'enchaîne par des rapports et des besoins qui unissent tous les êtres dans une harmonieuse dépendance. Aucun être n'est créé pour lui seul; il doit servir aux autres et se rattacher ainsi au plan général de la Providence. Les jours de la création sont des degrés vers la perfection. Il fallait commencer par les êtres inférieurs et créer les serviteurs avant le maître. Le souverain ne devait paraître que dans un empire digne de le recevoir.

L'homme domine et surpasse toutes les beautés de la création, parce que Dieu l'a fait à son image et ressemblance. Les trois Personnes de la sainte Trinité ont dit : « Faisons l'homme à notre image et ressemblance, et qu'il commande aux poissons de la mer, aux oiseaux du ciel, aux animaux, à toute la terre et à tout ce qui s'agite à sa surface. » Dieu, en établissant ainsi l'homme souverain du monde visible, l'a revêtu d'une beauté exceptionnelle, comme d'un manteau royal. Son corps est le chef-d'œuvre de la création. Les êtres qui l'ont précédé ont fourni des éléments à sa composition, comme des sujets qui payent tribut à leur maître; tous travaillent à sa conservation, à ses développements. Il possède la sève de la vie, la noblesse des proportions, l'élégance des formes, la liberté des mouvements, le charme de la couleur, la lumière du regard et un front digne de porter une couronne. Cette beauté est nécessaire, parce que le corps est l'image de l'âme, comme l'âme est l'image de Dieu. Le corps est fait pour l'âme comme l'univers est fait pour le corps. Il est un instrument dont l'âme doit tirer de célestes harmonies. L'âme est belle, parce qu'elle est le miroir des idées divines; elle les reçoit dans son intelligence et sa volonté; c'est par elles qu'elle vit et qu'elle devient belle de la beauté de Dieu même. Car les idées divines sont Dieu, et les images que nous en acquérons deviennent nous-même. Les esprits se ressemblent par la connaissance et l'amour. La mesure de cette connaissance et de cet amour est la mesure de leur ressemblance; et puisque la connaissance et l'amour de l'infini peuvent toujours croître, la ressemblance divine de l'âme peut toujours augmenter. La beauté rayonne ainsi par le corps dans le monde visible, et Dieu se manifeste plus sur le visage de l'homme que dans toute la création.

Dieu nous associe à son art, en nous faisant concourir à reproduire sa ressemblance. Sa lumière imprime son image dans notre âme, mais il a besoin de notre liberté pour fixer et développer cette image.

L'art de l'homme doit être l'imitation de l'art de Dieu, dans son principe, son but et ses moyens. Comment son principe serait-il différent, puisque le vrai, le beau et le bien viennent des idées éternelles? Et comment son but ne serait-il pas le même, puisque l'art de l'homme ne pourrait être juste et bon, sans glorifier Dieu devant ses semblables ? Il ne tirera pas du néant ses moyens, mais il les recevra de Dieu, et il empruntera à la nature la matière et la forme pour rendre sensible l'idée conçue dans son intelligence et sa volonté. Ainsi, l'art de l'homme a l'art de Dieu pour loi et pour modèle. L'Artiste suprême n'a pu communiquer à l'homme sa puissance, pour qu'il s'en servît autrement que lui-même.

L'homme a deux sortes de moyens de manifester ses idées. Il a un art personnel et un art extérieur; et, en cela encore, l'homme ressemble à Dieu. Dieu a son Verbe qui vit en lui d'une génération éternelle; c'est par ce Verbe qu'il se connaît et se fait connaître. Non-seulement le Verbe a fait toutes choses : *Dixit et facta sunt,* mais encore le Verbe s'est fait chair, et saint Jean a pu écrire : « Qu'il avait entendu, qu'il avait vu de ses yeux, qu'il avait touché de ses mains cette Parole de vie, qui était dès le commencement, qui était dans le Père et qui s'est montrée à nous (S. JEAN, I ; *ép.* 1). »

Dieu a donné aussi à l'homme un Verbe qui est la vie de son intelligence et la forme de sa pensée. Le langage est un mystère semblable à celui de l'union de l'âme et du corps. L'idée est attachée à un signe sensible sans lequel nous ne pourrions la saisir. La parole nous la révèle, la fixe dans la mémoire, et nous permet de la juger, de la comparer et de la féconder. C'est par elle que nous connaissons notre existence, et que nous sommes intelligents et libres. C'est par elle que le moi s'affirme et que la volonté délibère.

Cette parole ne reste pas en nous; elle se produit au dehors, se manifeste à nos semblables, et devient ainsi le moyen le plus puissant de l'art de l'homme. De même que le Verbe divin s'est incarné, la parole humaine prend un corps. Elle sort vivante des lèvres et se rend visible sur le visage et dans tous les membres, par l'expression, la pose et les mouvements. La parole n'est plus ce langage intérieur de l'âme qui formule ses pensées; elle devient un moyen social, un médiateur entre les esprits, une force qui pénètre les intelligences et qui triomphe des volontés. L'orateur est l'artiste par excellence. Il parle, et sa parole va conquérir tout un peuple, qui ne fera plus avec lui qu'un cœur et qu'une âme.

L'art de l'homme met ainsi en action le chef-d'œuvre de l'art de Dieu. Tandis que les idées s'expriment par les mots, il n'y a pas un atome dans le corps qui ne prête son concours à l'action de l'âme. Tout s'unit à son langage : l'œil lui donne ses éclairs, le sang ses couleurs, les nerfs leurs frémissements, et la voix surtout la variété, la justesse de ses vibrations. Non-seulement ces signes sensibles accompagnent le langage, mais ils le remplacent même. Il y a des regards et des gestes qui disent plus que toute parole. Le son de la voix exerce une incroyable puissance. L'homme en a fait un art distinct qui n'a pas besoin de s'adresser à l'intelligence pour arriver à la volonté. La musique ébranle tout notre être et dirige les mouvements de notre cœur sans l'intermédiaire de la raison. C'est elle qui fait mieux comprendre l'action de l'art, basée sur l'harmonie préétablie de notre nature. Le sentiment que le musicien exprime, passe dans l'âme de celui qui l'écoute, comme les accords qu'on tire d'un instrument, par un phénomène inexplicable, éveillent des accords semblables dans un autre instrument.

Dieu ne s'est pas contenté de donner à l'homme le langage pour manifester ses pensées. Outre cet art personnel, il l'a doté d'un art extérieur, d'une puissance sur la matière et la forme, qui lui permet de faire aussi des choses visibles pour montrer les choses invisibles. Il ne lui a pas communiqué certainement sa souveraineté sur le néant, cette création première de l'être, de la vie et du mouvement, mais il lui a permis une création secondaire, et lui a prêté tous ses moyens pour qu'il en disposât aussi, avec poids, nombre et mesure. Cet art extérieur sera l'architecture, la sculpture et la peinture : l'architecture, l'art des lignes et des proportions; la sculpture, l'art des formes plastiques, et la peinture, l'art de la lumière et des couleurs.

L'Artiste suprême a enseigné cet art extérieur à l'homme. De même que son Verbe est le principe du langage, la lumière de l'art personnel, de même la création visible sera le type, le modèle inaltérable de l'art extérieur de l'homme. Dieu est l'architecte, le sculpteur et le peintre parfait. Il a créé l'art des lignes et des proportions, en appliquant aux êtres inorganiques les lois éternelles des mathématiques et de la géométrie, en traçant aux astres leur route dans l'immensité, en combinant les lignes droites de leur attraction avec les lignes courbes de leur mouvement. Il a fixé la terre sur son axe et il a affermi ses fondements. Il a établi le niveau des mers, élevé les montagnes, profilé les horizons et ménagé, dans la variété des plans, des perspectives infinies. Puis, sur ces surfaces, comme sur les murs d'un temple, il a sculpté les formes de la vie; il a donné aux êtres organisés une force interne qui façonne toutes les parties nécessaires à leur existence. La graine développe et nourrit son germe, et sa sève circule pour modeler la racine profonde, le tronc noueux et la tige flexible qui doit porter la corolle de ses fleurs et la richesse de ses fruits. Et, à mesure que la vie s'élève, les formes deviennent plus parfaites, dans le poisson, l'oiseau, l'animal, jusqu'à ce qu'elles arrivent enfin à l'homme, que Dieu veut pétrir lui-même de ses mains, afin de le rendre digne d'être animé du souffle de sa bouche.

Les lignes, les proportions, les formes de l'architecture et de la sculpture, Dieu les a faites belles pour l'homme, et il les lui montre par la lumière et les couleurs. Il a préparé au fond de l'œil de l'homme une toile sur laquelle se peindra tout le monde extérieur : tableau d'une vérité irréprochable, qui embrasse toute l'étendue et représente la variété des objets dans une admirable harmonie; tableau vivant et mobile qui met l'homme en possession de tout ce qu'il voit, et l'enrichit d'images et de souvenirs.

Ainsi l'homme a reçu les leçons du Maître; il peut, avec la règle et le compas, tracer des lignes et mesurer des proportions, pour composer des figures qui n'existaient pas. Son ciseau cherchera à élever vers l'idéal les formes individuelles, et son pinceau fixera dans la lumière la vie et le mouvement de tout ce qui est visible. Ces œuvres seront séparées de lui et dureront plus que lui. Elles parleront aux générations les plus éloignées, et lui présenteront le vrai, le beau et le bien plus condensés que dans la nature même; car Dieu n'a pas offert la création au génie de l'homme pour qu'il la copiât servilement, mais il lui a prêté son art pour qu'il s'en servît librement, qu'il le continuât et le développât, en manifestant ses idées éternelles. Pour être juste et bon, l'art de l'homme doit être religieux et social, c'est-à-dire qu'il doit glorifier Dieu et le faire glorifier par ses semblables.

II. L'ART DE L'HOMME AVANT JÉSUS-CHRIST. — SA GRANDEUR ET SA CORRUPTION.

L'homme fut placé dans le paradis terrestre du beau, pour le cultiver et le garder. Son art fut parfait aux premiers jours du monde, parce qu'il fut étroitement uni à l'art de Dieu. Dieu était son maître et son modèle : non-seulement, il se manifestait à lui dans les merveilles de la création, mais le Verbe lui apparaissait sous des formes sensibles, l'éclairant de sa lumière et lui enseignant, par le beau, le vrai et le bien de chaque chose. Il amenait, devant lui, tous les êtres, afin qu'il leur imposât le nom qui leur convenait et qu'il leur prêtât sa voix, pour louer et bénir le Seigneur.

Du cœur et des lèvres d'Adam s'éleva un cantique d'adoration qui consacra l'univers à son Auteur. L'art de l'homme était juste par cet hommage, et, pour qu'il fût bon comme il était juste, Dieu voulut bien donner à Adam une compagne, à laquelle il pût répéter les enseignements divins et communiquer sa science et son amour. Leurs voix s'unirent dans une ineffable harmonie. Les deux artistes ravis se promenaient ensemble, au milieu des fleurs et des parfums du jardin de délices, chantant l'hymne sacré de leur reconnaissance, se contemplant dans l'innocence de leur beauté, s'aimant plus que toutes les créatures, mais aimant, plus qu'eux-mêmes, le Dieu qui les avait faits et les avait donnés l'un à l'autre.

Ce concert admirable cessa bientôt. La chute de l'homme entraîna celle de l'art. Le tentateur se servit du beau pour altérer le vrai et détruire le bien. La beauté du fruit défendu séduisit Ève qui crut à de fausses promesses; la beauté d'Ève captiva le cœur d'Adam et le rendit son complice. L'art de Dieu fut ainsi profané et le beau naturel détourné de son véritable but. Le beau naturel n'existe que comme signe du beau moral, et, s'y arrêter pour en jouir, c'est en méconnaître le vrai et sacrifier, à un bien trompeur et passager, le bien surnaturel qui est la posssession de Dieu même.

Les suites du péché furent désastreuses pour l'art de l'homme. L'idéal divin, qui devait l'inspirer, s'obscurcit; la beauté ne fut plus éclairée que d'une lumière naturelle qui en montrait seulement le côté sensuel. Ève, qui la résumait, la concentrait dans sa personne, n'étant plus unie à Dieu, perdit cette auréole, ce charme de l'innocence qui en augmentait la splendeur. Son regard ne reflétait plus les pensées du ciel, mais les jouissances de la terre. Elle n'était plus une inspiration, mais une tentation. Adam, qui eût résisté au serpent, ne résista pas à sa compagne. Il vit le changement qui s'était opéré en elle. Leur ressemblance et leur union étaient troublées. S'il ne l'imitait pas dans sa faute, il faudrait se séparer d'elle peut-être, et, par faiblesse, par condescendance, il voulut partager son sort.

Dans les deux artistes aussitôt, l'amour du plaisir remplace l'amour du beau. Au lieu d'être, l'un pour l'autre, un spectacle enchanteur, ils ne sont plus qu'un objet de convoitise. Ils rougissent de leur nudité, car leur faute les a dépouillés de cette candeur qui les enveloppait comme un vêtement.

Leur corps ne représente plus la sainteté de leur âme et porte déjà les traces de leur désobéissance. Ils ne peuvent se regarder sans honte; et c'est un premier châtiment que d'avoir perdu cette vue pure et calme du chef-d'œuvre de la création.

L'âme est la forme du corps; elle est, par conséquent, le principe de la beauté. Elle est la vie qui l'anime et le développe. Son intelligence illumine le visage, et le moindre désir de sa volonté en modifie l'expression; l'acte bon ou mauvais qu'elle décide, a sur le corps une puissance plastique. La vertu l'ennoblit, le spiritualise; le vice le déforme, l'appauvrit. Dès que les lois du Créateur sont violées, son œuvre est une ruine et la beauté en disparaît. Ce qui était beau devient laid. La laideur est la corruption de la beauté. Dieu ne l'avait pas créée, et elle n'est entrée dans le monde que par la faute de l'homme, qui s'est séparé du vrai et du bien, principe et vie de la beauté.

L'homme, chassé du Paradis terrestre, ne fut pas privé de la puissance artistique. Il emporta, avec les traits affaiblis de la ressemblance divine, les lambeaux de sa royauté. Mais son art ne fut plus ce cantique s'échappant sans peine de ses lèvres inspirées; ce fut un laborieux effort pour rendre ses pensées, un des plus douloureux enfantements auxquels il avait été condamné. La terre était devenue rebelle à son travail, et la matière qu'il voulut façonner dut être amollie par ses sueurs et ses larmes. Son cœur produisit les ronces et les épines des passions qui étouffèrent en lui l'idéal divin.

L'idéal est la séve de l'art. Platon l'explique par des formes divines, dont nous distinguons les ombres dans les choses créées. Une lumière supérieure, que nous ne pouvons voir directement, nous en fait saisir une certaine apparence, et cette apparence devient pour nous l'idéal. L'idéal de l'homme est une ombre de l'idéal de Dieu, et cette ombre est d'autant plus parfaite que la lumière, qui en dessine la forme, est plus pure et plus intense. Dieu est l'idéal premier de toutes choses, l'idéal absolu, éternel, parce qu'il n'est l'image d'aucun autre idéal, tandis que toute autre créature est un effet une ressemblance de cet idéal créateur qui mesure à chaque être le vrai, le beau et le bien, et cette mesure doit être le modèle, la règle des œuvres d'art. Mais cet idéal que l'art doit représenter est variable dans l'esprit de l'homme, puisque cette ombre divine se forme selon la pureté et l'intensité de la lumière qui la produit. Cette lumière a des degrés différents; elle traverse un milieu qui peut la modifier et l'obscurcir. Ce milieu est le cœur de l'homme, ce centre de l'âme où viennent s'unir l'intelligence et la volonté. C'est là que brillent la lumière naturelle et la lumière surnaturelle qui montrent Dieu, l'idéal suprême ; mais c'est là aussi que l'orgueil et les passions peuvent tellement épaissir les ténèbres que l'insensé dit dans son cœur : « Il n'y a pas de Dieu. »

L'idéal pour l'homme varie donc selon la lumière qu'il reçoit ou qu'il refuse ; elle lui est donnée pour diriger sa recherche de l'idéal dans les choses créées, et cette recherche doit le faire remonter nécessairement jusqu'à Dieu. S'il met obstacle aux rayons de la lumière, s'il l'obscurcit par les vapeurs des sens, il n'aperçoit plus les ombres divines de l'idéal, mais seulement des fantômes sans consistance et sans beauté. L'homme s'arrête alors aux réalités de la terre et se compose un idéal de tout ce qui lui plaît dans la nature. Il se fait un idéal à son image, comme il se fait un Dieu selon ses goûts et ses caprices, lorsqu'il n'adore pas le Dieu unique et révélé. C'est ce qui est arrivé à l'art avant Jésus-Christ. Il s'est égaré dans la confusion des doctrines et s'est livré à toutes les erreurs de l'idolâtrie.

La tour de Babel sert de frontispice à l'histoire des peuples ; elle est l'œuvre de l'art de l'homme révolté contre Dieu. Il veut élever un monument qui doit monter jusqu'au ciel et rendre à jamais célèbre le nom de ses constructeurs. Mais Dieu descend confondre l'orgueil des enfants d'Adam, et, par un miracle de sa toute-puissance, Celui qui avait donné le langage au premier homme le diversifia tout à coup, sur les lèvres de ses descendants, qui se répandirent par toute la terre.

L'art perdit son unité, comme le langage, et varia chez les peuples, selon leur génie, leurs croyances religieuses, leurs mœurs et leur civilisation. La science archéologique embrasse maintenant tout l'ensemble de ces arts différents et nous en révèle la filiation et l'histoire. Son témoignage confirme le récit de la Bible. On suit les fils de Noé à la trace de leurs monuments. La race bénie de Sem est la plus heureusement douée ; elle se répand à l'Orient et à l'Occident et se mêle à la race de Cham, dans l'Inde et dans l'Égypte, et à la race de Japhet, en Grèce et en Étrurie. L'art doit à ces alliances ses grandes divisions qui se modifient et se partagent encore par les changements de doctrines et les révolutions des empires.

Les rives de l'Euphrate sont le point de départ de ces migrations artistiques ; les plus lointaines forment l'art indien et l'art chinois, tandis que

Ninive et Babylone donnent naissance à l'art assyrien, qui influence la Perse, la Phénicie et l'Asie Mineure. L'Égypte se compose d'éléments divers, un art hiératique et mystérieux qui résiste, pendant de longs siècles, à tous les bouleversements des conquêtes. La Grèce reçoit des leçons de tous les peuples pour les surpasser et porter l'art à sa perfection, jusqu'à ce que Rome enfin, victorieuse de l'univers, en rende tous les arts tributaires et orne de leurs chefs-d'œuvre son triomphe.

Les monuments de l'art avant Jésus-Christ nous étonnent par leur grandeur et leur beauté. Que nous les admirions dans les solitudes de l'Inde ou les plaines désolées de Ninive, sur les bords du Nil ou les brillants rivages de la Grèce, nous nous sentons en présence d'une puissance artistique capable d'humilier notre orgueil. Pourrions-nous, malgré les progrès de nos sciences et de notre industrie, élever de semblables édifices? L'art qui les a inspirés est essentiellement religieux. Le beau est la splendeur du vrai; comment peut-il ainsi briller dans des œuvres consacrées à de fausses religions?

Nous jugeons mal les religions anciennes, dont nous connaissons seulement les formes extérieures et la corruption. Elles venaient toutes de la religion primitive et en avaient conservé les principales vérités. Quand on écarte les voiles dont les couvraient les castes sacerdotales, pour perpétuer leur puissance et tirer profit des initiations, on trouve, au milieu de ces symboles et de ces dieux innombrables, les dogmes révélés du christianisme, le Dieu créateur, l'Unité infinie que rien ne peut multiplier ou diviser, la Trinité, la chute originelle, l'attente d'un médiateur, la nécessité du sacrifice, l'immortalité de l'âme, la vie future pour la récompense ou le châtiment de la vie présente. Ces vérités, l'homme reconnaissait les avoir reçues avec les obligations qu'elles imposent. Il n'avait pas alors la prétention de régler lui-même les rapports qu'il devait avoir avec Dieu.

Moïse écrivit, sous la dictée de Dieu même, cette religion primitive dont la garde fut confiée à un peuple choisi; mais elle avait été répandue dans tout l'univers et pratiquée sous la tente des patriarches, comme le prouvent la vocation d'Abraham et l'histoire de Job, le parfait chrétien des temps anciens, qui possédait les vertus de l'Évangile et adorait, dans l'avenir, son Rédempteur vivant. Les religions les plus infectées d'idolâtrie avaient conservé assez de vérités pour qu'on en pût reconnaître les erreurs. C'est ce qui explique la conversion rapide de Ninive à la voix de Jonas; et les hommages rendus au vrai Dieu par Nabuchodonosor, Cyrus et Alexandre. Le Verbe est la lumière qui éclaire tout homme venant en ce monde, et tous, par conséquent, en tout lieu et en tout temps, reçoivent une révélation suffisante pour se sauver et motiver le jugement de la justice divine.

Les Juifs ne furent pas seulement les gardiens de la religion véritable; ils en furent à un certain degré les apôtres, par leurs relations avec les grandes nations de l'Orient. Leur commerce avec l'Égypte, les victoires de David, la sagesse et les richesses de Salomon, la dispersion des enfants d'Israël, la captivité de Babylone, furent des moyens que la Providence employa pour rappeler aux hommes ces vérités révélées, *ces dogmes anciens, ces débris de la sagesse antique*, que les philosophes de la Grèce reconnaissaient dans leur religion. Ils avaient pu, bien avant la traduction des Septante, connaître les doctrines des Hébreux, répandues dans l'Orient, et c'est de là que Platon rapporta les vérités sublimes qui nous étonnent, au milieu de ses erreurs et de ses théories grossières.

Le génie de Platon inspira celui de Phidias, qui éleva l'art grec à sa perfection. Il en fut de même des chefs-d'œuvre que produisit l'art dans les autres religions; le vrai qu'elles contenaient fut le principe du beau que nous y admirons. Ils furent les reflets de cette Lumière qui éclaire tout homme venant au monde, et le Verbe est ainsi le maître de l'art antique, comme il l'a été de l'art chrétien. L'âme de l'homme, dit Tertullien, est naturellement chrétienne; nous pouvons dire que l'âme de l'artiste l'est nécessairement, puisque sa vie est l'amour du beau, qui doit le conduire à la vérité.

La variété des arts religieux dans l'antiquité vient, non-seulement des doctrines qu'ils avaient à exprimer, mais encore du symbolisme qui leur était imposé. Les fausses religions étaient des hérésies de la religion primitive, qui n'avait pas, comme le christianisme, une autorité visible et infaillible pour la sauvegarder. Les hommes voulaient en expliquer les mystères et formulaient des systèmes qu'ils revêtirent d'allégories et de symboles pour les faire comprendre. Leur science, égarée dans les erreurs du panthéisme ou du dualisme, figurait par des images les attributs divins et les forces cachées de la nature. Ces images furent l'origine du culte idolâtrique. De là, les dieux bizarres de l'Inde, les taureaux à tête humaine des Assyriens, les animaux sacrés de l'Égypte. Les Grecs furent plus heureux dans le choix de leurs symboles. Ils prêtèrent à leurs divinités les formes que le Verbe devait revêtir lui-même ; la beauté de l'homme étant le miroir le plus fidèle de la beauté divine. Ce fut là une des causes principales de leur supériorité dans l'art.

L'art grec ne se soutint pas longtemps à la hauteur où l'avait élevé la philosophie spiritualiste de Platon. Les poëtes et les passions commentèrent à leur tour la religion. Les dieux descendirent de l'Olympe pour être bafoués sur le théâtre. On leur prêta des aventures scandaleuses pour légitimer celles des hommes. La Vénus céleste fut détrônée par la Vénus terrestre, et les *Théories* de la Vierge d'Athènes furent remplacées par les orgies du culte de Bacchus. Les artistes ne reçurent plus les inspirations du beau moral, et ne cherchèrent pas à plaire à l'âme, mais aux sens. Ils songèrent plus à la fortune qu'à la gloire, et se mirent au service des princes dont ils flattèrent l'orgueil. Alexandre et ses successeurs eurent, sur le grand art hiératique de la Grèce, l'influence que les Médicis exercèrent sur l'art chrétien à l'époque de la Renaissance. Ils l'abaissèrent à leurs caprices et à leurs plaisirs.

La Grèce perdit sa liberté, et ses artistes furent enchaînés avec ses philosophes au char de ses vainqueurs. Rome avait besoin d'esclaves pour apprendre le beau langage et pour orner de statues ses portiques et les temples qu'elle ouvrait à tous les dieux de l'univers. En devenant le centre de toutes les erreurs, la ville des Césars devint la ville de tous les vices. L'art y organisa le culte de la concupiscence. Les peintures de Pompéï ressuscité nous font connaître à quel degré d'avilissement il était tombé, et de quelles représentations il souillait le sanctuaire de la famille.

Il était temps que Notre-Seigneur Jésus-Christ vînt sauver le monde et réconcilier, dans sa personne, l'art de Dieu et l'art de l'homme.

III. JÉSUS-CHRIST, HOMME-DIEU, TYPE ET SOURCE DU BEAU DANS CE MONDE.

Quoique les trois personnes de la Sainte-Trinité concourent à l'art divin dans la Création, puisqu'elles ont la même puissance, la même connaissance et la même volonté, saint Augustin a pu dire que le Fils de Dieu est l'art du Père, *Filius Dei est ars patris*. Il l'est en effet par sa génération éternelle. Dieu, en produisant son image parfaite, fait un acte d'un art infini, puisqu'il y a équation entre son être et son image et que l'œuvre est égale à l'artiste. Le Père engendre son Fils, qui est sa Raison, son Verbe, et c'est par cette Raison, par ce Verbe, qu'il se voit et qu'il voit en lui-même tous les êtres possibles qu'il peut créer. Ces êtres, il les voit éternellement comme les idées vivantes et substantielles, les raisons formelles de tout ce qui existe sans être Dieu, mais qui n'existe que par une certaine ressemblance avec Dieu.

Le Fils est donc l'art du Père, parce qu'il possède les idées éternelles, principe et types de l'art divin. Il l'est encore, parce qu'il est le Verbe qui a prononcé les paroles efficaces de la Création : c'est par lui que tout a été fait : *Dixit et facta sunt*. Dans son exhortation aux Grecs, Clément d'Alexandrie appelle la Création un chant divin : « N'est-ce pas le Verbe, chantre céleste, qui a ordonné l'univers avec nombre et mesure, qui a forcé les éléments en désaccord à former un admirable concert, afin que le monde entier devînt tout harmonie? Il a déchaîné la masse mobile de l'Océan, mais en lui défendant d'envahir la terre; celle-ci flottait au hasard, il l'a fixée à jamais en lui assignant la mer pour limite. Semblable au musicien qui sait adoucir les modes doriens par ceux de Lydie, il a calmé la violence du feu au moyen de l'air et le froid rigoureux de l'air par le feu qui l'enlace, tempérant ainsi l'un par l'autre les éléments du monde, comme les tons extrêmes qui se fondent ensemble pour produire l'harmonie. Tel est le Chant immortel dont l'univers répète l'accord parfait; concert divin où tout se lie et correspond, la fin avec le milieu, le milieu avec le commencement. Ce n'est plus la musique du chantre de Thrace : ce sont les accents qu'imitait David, interprète des volontés divines. Le Verbe de Dieu, né de David, bien qu'il fût avant lui, a rejeté la harpe, la lyre, tous les instruments inanimés, mais il a mis en harmonie avec l'Esprit saint le monde et l'homme, qui est un monde en abrégé. Il a, dis-je, accordé avec l'Esprit saint le corps et l'âme de l'homme, lyre vivante, instrument à plusieurs voix, destiné à célébrer le Seigneur; il chante, et l'homme, principale voix du concert, lui répond. » (Clément d'Alexandrie, *Exhortation aux Grecs*.)

Cet homme, qui chante avec le Verbe, est le chef-d'œuvre de l'art divin; le philosophe chrétien le compare à tout ce qu'a fait l'art humain. « Ah! sans doute, dit-il aux Grecs, vos Phidias et vos Praxitèle ont produit des chefs-d'œuvre; j'admire leur art, mais la matière dont ils ont formé vos dieux n'est toujours que de la terre. Pour moi, j'ai appris à fouler aux pieds la terre et non pas à l'adorer. En est-il un seul parmi vous qui ait jamais façonné une image vivante, ou qui, avec de l'argile, ait assoupli une chair délicate et flexible? Qui de vous a liquéfié la moelle des os? Qui de vous en a consolidé la charpente? Qui de vous a tendu les nerfs, enflé les veines, infusé le sang et enveloppé le corps d'une peau? Qui de vous a jamais placé le regard dans des yeux formés par sa main? Qui de vous a soufflé une âme dans cette muette effigie? Qui de vous l'a imprégnée des sentiments de la justice? Qui de vous enfin a pu lui dire : « Tu seras immortelle » ? Seul, le Créateur de toutes choses, le Père, l'Artiste par excellence, a pu former cette statue vivante et animée qu'on appelle l'homme. Quant à votre dieu olympien, image de cette image, ombre lointaine de la vérité, il n'est que le sot ouvrage d'une main attique. L'image de Dieu, c'est le Verbe, Fils véritable de l'intelligence, Verbe divin, lumière archétype de la lumière; et l'image du Verbe, c'est l'homme. »

Le Verbe a pris la forme de l'homme, et c'est par son Incarnation surtout que le Fils est devenu l'art du Père; car, en revêtant notre nature, il nous a plus manifesté Dieu qu'en créant l'univers tout entier. Il est devenu pour nous l'image parfaite du Père, et il a pu dire en vérité à ceux qui le voyaient dans sa chair : « Celui qui me voit, voit mon Père. *Qui me videt, videt et Patrem.* » (Saint Jean.)

Nous avons vu que l'homme était le chef-d'œuvre de la création visible, et le centre du monde spirituel et du monde matériel; mais il n'a réellement et légitimement cet honneur qu'en la personne de Notre-Seigneur Jésus-Christ, de l'Homme-Dieu, dont il est l'image et la ressemblance. L'Incarnation est la seule explication du plan divin, et nous osons dire que, sans Jésus-Christ, la création ne serait pas digne de la Cause première, parce qu'elle ne serait pas, dans son principe et dans son but, d'une justice et d'une bonté infinies.

A quel titre, en effet, l'homme serait-il le centre et la fin de la création? Il est roi de ce monde, le souverain de ces êtres inférieurs, qui le servent en esclaves et en tributaires. Mais quelle relation évidente y a-t-il entre lui et les anges, dont la nature est supérieure à la sienne et dont les chœurs devront s'abaisser vers lui? Pourquoi leurs voix s'uniraient-elles nécessairement dans le même concert? Les anges ne peuvent-ils pas chanter seuls les louanges du Créateur au plus haut des cieux, tandis que l'homme fera répéter les siennes aux échos de la terre ?

Par la création des anges, de l'homme et du monde visible, l'art de Dieu est-il d'ailleurs aussi juste, aussi bon qu'il peut l'être ? Nous avons vu Dieu se manifestant pour se glorifier, et c'est justice; mais cette justice sera toujours incomplète, car le fini ne manifestera et ne glorifiera jamais assez l'infini. Les anges, les hommes et les mondes auront beau s'unir pour célébrer leur Créateur, leurs louanges n'égaleront jamais le témoignage que Dieu se rend à lui-même. Les serviteurs d'un roi, en s'inclinant devant son trône, n'ajoutent rien à sa gloire. L'hommage d'un autre roi peut seul l'honorer dignement.

La bonté sera-t-elle plus satisfaite que la justice ? Ces êtres, que Dieu a faits pour les rendre heureux, posséderont-ils la plénitude du bonheur ? Ils éprouvent l'attrait de l'infini, et cette gradation, cette hiérarchie des créatures, leur révèle une perfection dont ils voudraient jouir; mais ils sont arrêtés dans leur élan par les limites de leur nature. Dieu, en leur donnant l'existence, les a donnés à eux-mêmes; mais c'est lui, c'est leur principe, qu'ils désirent. Ce que leur intelligence en aperçoit ne leur suffit pas, et ils sentent qu'il y a entre eux et le Bien suprême une distance qu'ils ne peuvent franchir. Ils ne sauraient atteindre l'infini, et, si l'infini ne descend pas vers eux, leur vie ne sera qu'un désir sans espoir.

Le plan de l'Artiste suprême manquerait-il à ce point d'unité, de justice et de bonté ? Son œuvre serait-elle indigne de son principe et inutile à sa fin ? Faut-il regretter que sa toute-puissance l'ait tirée du néant ? Non ! cette création des anges, des hommes et des mondes, n'est pas tout le plan divin; elle n'est que la préparation de l'œuvre, le prélude de cette harmonie infinie, qui doit ravir éternellement les intelligences et les volontés.

Lorsqu'un architecte veut bâtir un temple, il en dispose toutes les parties pour l'autel. L'autel est le point générateur de toutes les lignes, et, tant que l'autel n'est pas élevé, le temple est vide et inexplicable. L'artiste en choisit la place dans la région moyenne, entre les voûtes et les fondements, afin qu'il en soit le centre et l'unité. Cet autel, qui a été le premier dans sa pensée, a été le dernier dans sa réalisation; il est ainsi le principe et la fin de l'œuvre. Dieu s'est bâti un temple; il en a creusé, dans sa sagesse, les fondements; il a tiré ses matériaux du néant, et disposé avec art toutes les parties de la création. Mais où est l'autel qui achèvera son œuvre et qui en fera comprendre le plan et la beauté? Le premier-né de sa pensée créatrice, celui qui en est l'inspiration et le couronnement, l'Alpha et l'Oméga, c'est le Christ, le Verbe incarné. Le Verbe sortira du sein du Père et descendra au centre de la création, sur la limite des deux mondes, visible et invisible. Il unira dans sa personne la nature divine et la nature humaine, et il deviendra ainsi l'unité du plan divin. Tout aura été créé par lui, en lui et pour lui; il sera le maître et le roi de la création, et tous les êtres s'inclineront devant lui, au ciel, sur la terre et dans les enfers.

Dieu voulait se manifester aux êtres intelligents et libres. Pouvait-il mieux le faire que par son Fils qui est son égal et sa vivante image? Ce Fils devient, par son Incarnation, le premier, le chef de tous les êtres créés. Il est l'autel du temple, et, de cet autel, s'élève l'encens vraiment digne de Dieu. Les créatures, en ayant le Christ pour organe, louent la souveraine Majesté comme elle le mérite, puisque c'est le Fils qui honore le Père et qui prête sa voix aux êtres les plus parfaits, comme aux êtres les plus faibles. Tous ces êtres, infiniment éloignés du trône du Créateur, s'en rapprochent pour le glorifier avec une force égale à celle qui les a lancés dans le temps et dans l'espace. L'Océan de la toute-puissance avait couvert des flots de la création les rivages du possible, et le Verbe, qui les avait poussés, les ramène ainsi par un flux et reflux divin.

Le Christ pouvait seul aussi donner à l'art de Dieu une bonté parfaite; car, non-seulement il rendait à Dieu une gloire infinie, ce qui était la cause première de la création, mais encore il donnait aux créatures cette félicité qui en est la cause finale. Le Christ, en s'unissant à l'homme, l'élève au-dessus de sa nature. Il lui fait passer les frontières du fini, en le faisant participer à la nature divine. Il divinise la matière même, la chose la plus éloignée de sa ressemblance; car il puise dans les différents règnes de la nature les éléments et la vie du corps, qui fait partie de sa personne. Il rattache ainsi tout à lui, pour élever tout à Dieu.

En unissant tous les êtres à leur principe, il satisfait leur désir de l'infini. La divinité remplit les intelligences et les volontés, et, quelle que soit leur grandeur, elles débordent de félicité.

C'était par l'Incarnation que les anges eux-mêmes devaient arriver à la félicité parfaite. Ils voyaient Dieu dans la beauté de leur nature comme dans un miroir ; mais, pour mériter de la contempler dans sa lumière même, ils devaient s'unir au Verbe fait homme, par un acte d'adoration et d'amour. Dieu leur communiqua donc, sous des formes prophétiques, le plan complet de cette création dont ils étaient les admirables prémices. Il leur montra l'image de ces mondes destinés à l'humanité, cette terre informe où la vie devait s'épanouir, l'homme qui en serait le maître et qui prêterait sa nature au Christ pour que le Christ, le Fils de Dieu, devînt le principe et la fin de toutes choses, le centre de la création, le chef des hommes et des anges, le seul capable de rendre à Dieu, son Père, une gloire infinie et de donner aux créatures un bonheur parfait.

Il y eut alors un grand combat dans le ciel des esprits. Lucifer, qui reflétait le plus la lumière divine, ne voulut point adorer cette union du Verbe à une nature inférieure. Son orgueil lui persuada que c'était avilir sa beauté, de la soumettre à l'humanité du Christ, et qu'il pouvait par ses propres forces s'élever jusqu'à Dieu. Michel, au contraire, triompha de cette révolte, en reconnaissant que nulle créature n'est semblable à Dieu et que l'incarnation du Verbe pouvait seule satisfaire la justice et la bonté du Créateur. Il adora le Christ et mérita de partager sa gloire, tandis que Lucifer fut précipité, des hauteurs de la nature angélique, dans la haine éternelle du vrai, du beau et du bien.

Jésus-Christ est l'art parfait de Dieu par sa génération éternelle, par la création et par l'Incarnation. Il est l'art parfait de l'homme par sa beauté visible et communiquée; il est le type et la source du beau dans l'humanité. Adam avait été fait à son image et ressemblance, mais cette beauté s'était perdue dans la chute originelle. Jésus-Christ la retrouva au sein de sa Mère Immaculée et il s'en revêtit pour apparaître au monde. Ève avait été formée de la chair d'Adam ; Jésus voulut être formé de la chair de Marie, et Marie put dire en le contemplant : « Voici maintenant l'os de mes os, et la chair de ma chair. »

Le nouvel Adam voulut passer par toutes les phases de la vie, pour servir à tous les âges de gloire et de modèle ; il monta successivement, comme le soleil, de l'humble crèche de Bethléem au sommet du Calvaire. Qui nous dira l'aurore de son berceau ? Les peintres chrétiens se sont exercés à en rendre le doux éclat. La Vierge et l'enfant Jésus recevant les hommages des bergers et des rois ont été le sujet préféré de leur talent, mais nul n'a mieux réussi à le peindre que le successeur de saint Hilaire. « Comment, dit Monseigneur de Poitiers dans une homélie, comment ne pas s'arrêter un moment à contempler cette scène délicieuse ? A vous seul, ô divin Enfant, vous étiez déjà si beau : *Ecce tu pulcher es, Dilecte mi.* » Vous présentiez tant de charmes, eussiez-vous été, ô Fleur sacrée, détachée de votre tige bénie ; mais quel surcroît de grâce ajouté au tableau ! Ils trouvèrent l'Enfant avec sa Mère. Figurez-vous cette tête pudique de Marie, où le péché originel n'avait rien terni, rien dérangé, où reluisaient, par un heureux mélange et dans une merveilleuse harmonie, les joies et les amours de la Mère avec les chastes attraits de la Vierge. Quels admirables reflets de beauté cette tête modeste de la Vierge ne devait-elle pas envoyer sur la tête auguste du Sauveur, du Verbe fait chair, de Celui dont l'humanité sainte fut le chef-d'œuvre du doigt divin, qui épuisa, pour en former les sacrés linéaments et les proportions adorables, toutes les délicatesses de ses touches, toutes les industries et les ressources de son art infini ! Comme ces deux figures s'embellissent, se perfectionnent l'une par l'autre ! *Ecce tu pulcher es, Dilecte mihi, et decorus. Ecce tu, pulchra es, amica mea.* »

Ce cantique des cantiques put continuer pendant les trente années de cette vie cachée, passée à Nazareth, la ville des fleurs. La Mère s'enivrait du regard divin de son Fils, et le Fils se contemplait dans le regard très-pur de sa Mère. La beauté de la création était rétablie, et l'intérieur de la sainte Famille redevenait le paradis terrestre, où l'art de Dieu et l'art de l'homme s'unissaient dans une parfaite harmonie.

On se demande quelquefois pourquoi Notre-Seigneur passa tant d'années dans le silence et la retraite, avant de commencer sa vie publique ? Il préparait son œuvre, comme le grand artiste qui doit élever le monument impérissable de sa gloire ; il s'isole du monde et se cache à tous les regards, pour travailler au plan, au modèle qui rendra toute sa pensée, qui en sera la parfaite image. Il n'épargnera ni son temps ni sa peine pour perfectionner son dessin, pour en arrêter les lignes et en épurer les formes. C'est seulement lorsque son génie sera satisfait, lorsqu'il aura complétement formulé son idée, qu'il commencera son entreprise et réalisera la merveille qu'il avait rêvée. Notre-Seigneur s'était incarné pour rétablir dans l'humanité la ressemblance divine, et il voulut, avant tout, en tracer dans sa Mère une image, un modèle que tous les siècles devaient copier. C'est à cette œuvre qu'il consacra les trente premières années de sa vie, et il fit de Marie la merveille de sa toute-puissance. Il était la chair de sa chair, il voulut être l'âme de son âme. Il l'orna de toutes les vertus et par conséquent de toutes les beautés, et ce fut quand il l'eut rendue semblable à lui, autant qu'il était possible, qu'il travailla à en reproduire quelques traits dans les autres hommes.

Notre-Seigneur était le plus beau des enfants des hommes; le plus parfait des corps possédait la plus sainte des âmes; et cette âme était le miroir très-pur de la divinité. Moïse vit un instant Dieu; il aperçut quelque chose de sa gloire, et sa figure en devint si lumineuse qu'il fut obligé de la voiler quand il parlait aux enfants d'Israël. Que devait être celle du Verbe incarné qui jouissait sans cesse de la Vision béatifique! Il eut beau en cacher la splendeur dans les obscurités de sa vie et les excès de son humilité profonde, il devait en paraître quelque lueur, capable de ravir les anges et les hommes. Nous ne connaissons la beauté du Christ que par celle de l'Évangile; nous l'admirons dans sa parole, dans le récit de sa vie; mais, si nous avions entendu cette parole, si nous l'avions vue sortir de ses lèvres, avec la lumière de ses yeux et le son de sa voix; si nous l'avions suivi, parcourant la Judée, enseignant sur la montagne, guérissant les malades, laissant venir à lui les petits enfants, apaisant la tempête, chassant les démons, ressuscitant Lazare et pleurant sur Jérusalem; si nous l'avions vu dans son pacifique triomphe, nous eussions aussi crié : Hosanna au plus haut des cieux !

Et cependant cette beauté devait être surpassée aux jours de sa Passion. L'idéal divin se manifesta plus au monde dans le mystère de la Rédemption que dans celui de l'Incarnation. La Rédemption n'est pas la cause de l'Incarnation; elle en est la conséquence, le développement, l'application à la chute originelle. L'Incarnation réalisait dans l'humanité la ressemblance divine; la Rédemption, par suite de la faute d'Adam, vint la réparer, et l'Église déclare qu'en cela l'œuvre du Créateur fut plus admirable. Elle appelle heureuse faute, *felix culpa,* cet abus de la liberté qui nécessitait le nouveau prodige de la bonté infinie. Une parole avait suffi pour créer le monde; il fallut des flots de sang pour le racheter. Dès le premier jour de son existence, Notre-Seigneur pensa, avec amour et désir, à ce grand combat qui devait terminer sa vie, à cette lutte sublime contre le péché et contre la mort. Il s'y livra tout entier, quand le moment fut venu ; il sacrifia la beauté de son corps pour nous montrer la beauté de son âme. Il perdit jusqu'à l'apparence humaine, au milieu des opprobres et des souffrances du Calvaire; mais il devint si beau, lorsqu'il fut élévé sur la Croix, qu'il attira tout à lui. Sa victoire nous rachetait de la mort et nous rendait la beauté de la ressemblance divine.

Notre-Seigneur est le principe, la source du beau en nous. Les preuves de son amour ne se sont pas épuisées dans l'Incarnation et la Rédemption ; il les a continuées et condensées dans la sainte Eucharistie. Sous les simples apparences du pain, il a caché sa beauté humaine et divine, pour la communiquer à nos âmes, et, à mesure qu'elles y participent par sa grâce, nos corps en reçoivent un reflet visible. Tout ce qui nous plaît sur le visage de l'homme est un bienfait du Christ, puisqu'il est l'inspirateur et le modèle de toute vertu. Il est la lumière de toute intelligence, la force de toute volonté. Il est la pureté des vierges, la chasteté de l'épouse, la tendresse des mères, la majesté des vieillards. Il brille dans le sourire de l'innocence comme dans les larmes du repentir, et il n'y a pas de ruines qu'il ne répare, de laideur qu'il ne transfigure !

Nous ne voyons pas cependant tout ce qu'il fait en nous ; il y travaille, en secret, à une œuvre dont il veut tirer sa gloire. Il prépare les âmes qu'il doit unir à sa divinité ; il les façonne et les purifie. Il taille et polit les diamants qui servent à bâtir la Jérusalem céleste. Il les rend dignes de recevoir les splendeurs de la Vision béatifique ; et, lorsque son travail sera fini, lorsque les siècles seront passés, il sera le soleil de toutes ces merveilles de l'art divin, la beauté de toutes ces beautés, et tous ne seront qu'un en lui et le contempleront dans une extase infinie.

IV. JÉSUS-CHRIST, MAITRE DE L'ART CHRÉTIEN.

Liturgie. — Chant grégorien. — Symbolisme. — Unité et perpétuité de l'art chrétien.

Notre-Seigneur avait, par sa vie, manifesté le beau suprême et rétabli dans l'homme la ressemblance divine. Ce qu'il avait fait, il voulut enseigner à le faire, et il ouvrit, dans l'Église, l'école de l'art chrétien.

L'art chrétien est l'art du Christ, c'est-à-dire l'union intime et parfaite de l'art de Dieu et de l'art de l'homme. Celui qui veut l'apprendre doit suivre les leçons du Maître et l'imiter dans toutes ses œuvres. Vasari lui-même en reconnaît la nécessité. Dans l'enthousiasme sincère que lui inspirent les tableaux de Fra Angelico, il attribue leur mérite à la sainteté du peintre, et il cite de lui cette parole, qui est la vraie théorie de l'art chrétien : Celui qui fait les choses du Christ doit être toujours avec le Christ. *Chi fa cose di Cristo, con Cristo deve star sempre.*

Pour vivre avec le Christ, il faut être uni à son intelligence et à sa volonté par la vérité et l'amour. Le Christ est le révélateur d'en haut que les philosophes anciens appelaient de leurs vœux ; et, si la doctrine de Platon, dernière lueur de la révélation primitive, illumina le génie de Phidias et lui inspira de si beaux chefs-d'œuvre, que ne fera pas la lumière du Verbe éclairant l'intelligence de l'homme et lui montrant les horizons infinis de la vérité? Non-seulement l'artiste possédera les vérités accessibles à la raison, mais encore les vérités surnaturelles de la Foi qu'il croira et qu'il aimera sur la parole du Maître. Au lieu de ces croyances incertaines, variables, individuelles des religions antiques, l'art chrétien aura pour s'inspirer le *Credo*, qui renferme tous les secrets de nos destinées, toute la science du passé, du présent et de l'avenir, puisqu'il nous fait connaître Dieu, notre principe et notre fin, et les moyens que Notre-Seigneur a pris pour nous unir à lui, dans son bonheur et sa gloire.

L'amour complète la science ; il y a des choses qu'il peut seul comprendre. Lorsque la science s'arrête en présence du mystère, l'amour s'y plonge à la suite du Christ. L'artiste reçoit de lui, plus que tout autre, le grand commandement de l'amour. Il doit aimer Dieu par-dessus toute chose et le prochain comme lui-même, pour que son art devienne parfait. Dieu est le Beau suprême ; le beau fait naître l'amour, et l'amour produit le beau. « Plus l'amour de Dieu augmente en nous, dit saint Augustin, et plus aussi le beau y augmente, car la charité est la beauté de l'âme. »

L'art ancien n'aimait pas ses Dieux : il les honorait et les craignait. Le peuple juif seul avait des chants de tendresse pour son Dieu, qui ne ressemblait pas aux dieux des nations ; mais il vivait sous la loi de crainte. Notre-Seigneur est venu nous donner la loi d'amour. La crainte est le commencement de la sagesse, l'amour en est la perfection. L'artiste a pu dire à Dieu, comme saint Augustin : « Je vous ai aimé bien tard, Beauté toujours ancienne, toujours nouvelle, je vous ai aimé bien tard. Vous étiez en moi, et je m'éloignais; je vous cherchais ailleurs, et je me perdais dans les belles choses que vous avez faites. »

L'amour de Dieu est la grande inspiration de l'art. L'art qui aime Dieu chante, bâtit et cherche, avec le ciseau et le pinceau, à glorifier Celui qu'il aime et qu'il veut faire aimer.

Notre-Seigneur, en donnant à l'art chrétien sa science et son amour, l'a uni étroitement à l'Église et l'a fait vivre de sa vie même, par la liturgie. La liturgie est à l'art chrétien ce que le langage est à l'homme. Nous avons vu que, par sa parole, l'homme a un art vivant et personnel, qui manifeste plus ses idées que tous les moyens extérieurs. Il parle, et ses pensées deviennent visibles sur les lèvres, dans son expression et son geste. La liturgie est la parole, l'expression, le geste de l'art chrétien. Les arts extérieurs, l'architecture, la sculpture et la peinture, n'en sont que l'ornement.

La liturgie est la forme du culte, la règle de la prière, du Sacrifice, des Sacrements, des cérémonies et des fêtes de la Religion. Elle est l'art de l'Église qui adore Dieu, l'implore et lui rend grâces; elle est par conséquent l'art par excellence. L'art divin et l'art de l'homme y sont unis d'une manière ineffable, puisque Notre-Seigneur en est l'âme, le principe, le moyen et l'objet, puisqu'il est le Médiateur, le Pontife suprême, et que ses ministres ne parlent qu'en son nom, et n'agissent que par sa puissance.

La prière liturgique est inspirée par l'Esprit-saint; l'Église la puise dans l'Ancien Testament, dans l'Évangile et dans le cœur de ses fidèles. Peut-il y avoir une source plus pure et plus abondante? Quelle littérature humaine offre tant de beauté que les livres de l'Ancien Testament? Quels historiens, quels poëtes, quels philosophes oserait-on comparer à Moïse, à David, à Salomon et aux Prophètes? Et ce sont leurs paroles que l'Église prête à notre esprit et à notre cœur pour exprimer nos pensées et nos sentiments. L'Évangile est encore supérieur. Le style en est vraiment divin; il est aussi simple que sublime. Il est comme la lumière qui contient toutes les couleurs, sans en avoir de particulière, et qui les fait paraître sur tous les objets de la nature. L'Évangile éclaire et vivifie toutes les langues, sans en avoir le caractère spécial, afin de pouvoir convenir au génie de tous les peuples.

Les livres sacrés ne sont pas les seuls trésors de la prière liturgique.

L'Église, comme l'Épouse du cantique, offre à Dieu des fruits anciens et nouveaux. La harpe de David n'est pas restée suspendue aux saules des fleuves de Babylone. Elle a passé des mains des prophètes dans celles des saints de la nouvelle alliance; Marie s'en est servie pour glorifier le Seigneur, et le vieillard Siméon pour se réjouir du salut d'Israël. Saint Ambroise, saint Augustin, en ont tiré de sublimes accords, et les générations se sont passé de siècle en siècle le divin instrument pour en faire résonner les voûtes du sanctuaire. Prudence, Fortunat, Adam de Saint-Victor, Innocent III, saint Thomas d'Aquin et tant d'autres ont enrichi la liturgie d'hymnes, de prose et d'antiennes, où l'âme trouve l'expression de sa foi et de son amour. De nos jours encore, l'Église a des poëtes inspirés qui célèbrent ses victoires et ses fêtes nouvelles.

La liturgie, pour chanter sa prière, nous a conservé la musique antique. Le chant grégorien est à la musique ce que l'art grec est à l'architecture : un type, un modèle, une règle qui nous ramène sans cesse à la simplicité, à la clarté, à l'unité du beau véritable.

La musique est l'art des sons comme la peinture est l'art de la lumière et des couleurs. Il y a, entre la lumière et le son, des ressemblances intimes et mystérieuses. La lumière et le son agissent dans l'espace de la même manière; leurs vibrations, leurs accords, leurs consonnances et leurs dissonnances paraissent obéir aux mêmes lois harmoniques et produire les mêmes effets sur l'homme. Dieu les a créés comme intermédiaires entre le monde extérieur et nos sens, pour arriver à notre intelligence. La lumière nous révèle, dans les objets visibles, l'image de l'invisible; mais le son a une action plus puissante encore, parce qu'il est l'instrument de la parole. C'est une sorte de lumière intellectuelle qui arrive jusqu'à notre âme pour nous enseigner et pour développer notre raison. Elle nous porte la vérité, la Foi même, *Fides ex auditu;* et ce trésor que nous recevons, non-seulement nous le gardons dans notre mémoire, mais nous le communiquons, nous le multiplions; nous entendons et nous parlons; nous avons des sons pour exprimer nos pensées et surtout nos sentiments. Le son complète le langage et lui donne le mouvement et la vie. La voix a des nuances infinies, aussi variées que les impressions de notre âme et les désirs de notre cœur. Quelle différence entre le langage écrit et le langage parlé et surtout chanté!

Le son a une action particulière, indépendante du langage. On peut l'isoler de la parole et en faire un art qui a ses lois et ses moyens particuliers. L'idée est toujours le principe de la musique, parce qu'elle est la cause du sentiment; mais, quand la musique est séparée de la parole, elle agit directement sur la volonté. Elle lui communique la passion qui était dans l'artiste, sans lui en révéler l'origine; elle lui imprime un mouvement qui suit des directions diverses, selon les dispositions de celui qui écoute. La musique peut devenir ainsi l'art le plus idéal ou le plus sensuel, si le langage n'en précise pas l'objet.

Les anciens regardaient la musique comme un art divin qui avait présidé à la formation de l'univers et tout disposé dans l'ordre et l'unité. C'était elle qui réglait le cours des astres, dont ils prétendaient entendre l'harmonie. Ils lui attribuaient la civilisation des peuples et la construction des villes. Les philosophes la proclamaient le principe de la grâce et du beau dans l'homme, et la recommandaient autant pour l'éducation de l'âme que pour la formation du corps. Elle fut surtout consacrée au culte, et, comme elle était, par sa nature, indépendante des formes de l'erreur, on peut croire qu'elle conserva, au sein même de l'idolâtrie, les beautés qu'elle avait reçues de la religion primitive. Elle subit sans doute, aux époques de la décadence, l'influence des passions humaines. Elle prêta ses accords aux banquets d'Anacréon et aux débauches des Romains dégénérés, mais elle perpétua ses mélodies antiques dans les chants sacrés des temples et des fêtes publiques.

Le Christ, l'Orphée des catacombes, purifia et bénit l'instrument profané, et l'Église n'eut qu'à donner des paroles à cette musique si digne, par sa simplicité et sa noblesse, d'être chrétienne. Saint Grégoire le Grand eut la gloire de réunir ces chants primitifs adoptés par l'Église et d'en enrichir la liturgie romaine. Le chant grégorien est certainement la forme la plus vraie et la plus belle que l'âme puisse employer pour exprimer à Dieu sa foi et son amour; la parole inspire le chant et le chant vivifie la parole. Il adore et prie sans abuser des sons et de leurs accords. Il a cette sobriété de l'ornementation grecque qui n'interrompt pas la ligne et ne trouble pas les surfaces; il ne connaît ni les frivolités de la joie, ni les élans de la passion. Il ne ressemble pas aux illuminations de nos fêtes, mais à la lumière pure d'un beau jour. Saint Bernard en a donné les règles dans une de ses lettres : « Pour le chant, dit-il, qu'il soit plein de gravité. Qu'il évite la langueur autant que la rudesse. Qu'il soit agréable sans être frivole. Qu'il charme l'oreille pour toucher le cœur. Qu'il éloigne la tristesse et qu'il apaise la colère. Surtout qu'il n'altère pas le sens des paroles, mais qu'il le féconde; car c'est un grand préjudice pour le bien de l'âme, si la frivolité du chant l'empêche de profiter du sens des paroles et fait plus goûter la voix que la vérité. »

Le chant grégorien n'est pas captif dans la mesure; il suit librement la phrase de la prose ou le mètre du vers. Il n'a pas le rhythme du nombre, mais le rhythme de la pensée, qu'on distingue si bien dans la poésie des Hébreux. Il se renferme avec dignité dans l'octave et laisse aux sons toute leur plénitude. Son mouvement a cette noblesse, cette démarche qui révèle la divinité. Il se contente de l'unisson, la première et la plus simple des harmonies, parce qu'il veut être accessible à tous. Il est le chant de l'unité, de la charité, le chant de ceux qui n'ont qu'un cœur et qu'une âme. Sa simplicité, son calme, sa douceur, ne diminuent en rien sa puissance, bien supérieure à celle de la musique profane. L'âme pure qui chante, entre dans l'âme qui l'écoute, pour la rendre meilleure et la remplir des pensées du Ciel. Sa beauté n'exclut pas la variété. Il a des chants de joie et des chants de douleur; mais ces chants sont toujours des chants d'amour qui deviendront des chants de gloire, lorsque tous les bienheureux ne feront qu'un instrument, un orgue divin, dont le Christ, le Musicien suprême, tirera une éternelle harmonie.

La forme la plus sublime de la prière liturgique est la sainte Messe. Le Sacrifice auguste de l'autel est le centre de la Religion, le point d'union entre le ciel et la terre. Ce drame divin entre le Créateur et la créature renouvelle tous les mystères de l'Incarnation et de la Rédemption, et celui qui le médite à la lumière de la Foi, y voit le prodige de l'amour du Christ et le salut perpétuel du monde.

Jamais aucune religion n'aurait pu imaginer semblable sacrifice et l'entourer de tant de majesté. L'Église y résume l'Ancien et le Nouveau Testament. Elle y appelle les anges, les patriarches, les prophètes, les apôtres, les martyrs, les confesseurs, les vierges, les vivants et les morts. Elle met en présence de Dieu l'humanité tout entière, dans la personne du prêtre et des assistants. Ils viennent devant l'autel chercher la lumière et la vérité, confesser humblement leurs fautes et implorer la miséricorde infinie. Leurs voix se mêlent à celles des anges qui proclament la gloire de Dieu au plus haut des cieux et la paix aux hommes de bonne volonté sur la terre. Ils invoquent Celui qui seul peut exaucer leurs prières; les prophètes et les apôtres viennent ensuite les préparer à recevoir l'Évangile, et, quand ils ont entendu la parole du Christ, ils affirment leur foi par l'immuable *Credo*. Ils offrent alors à Dieu ce que Dieu leur a donné de meilleur, le pain et le vin, cette moelle de la terre qui sert à les nourrir. Ils savent bien que leur vie même serait insuffisante, mais ils demandent que leur offrande devienne la sainte Hostie, seule capable de louer dignement la souveraine Majesté. Les hiérarchies célestes elles-mêmes n'oseraient pas, sans ce Médiateur, chanter les louanges du Dieu trois fois Saint.

Le mystère s'accomplit. Jésus-Christ met sur les lèvres du prêtre sa parole même, cette parole efficace qui opère ce qu'elle dit. Le pain et le vin sont remplacés par le corps et le sang du Rédempteur. La matière et l'humanité sont ainsi divinisées. Le Christ est sur l'autel; le prêtre lui adresse cette prière qu'il a enseignée lui-même, et il lui demande le pain surnaturel qui donne la vie véritable. Comment pourrait-il être refusé? Le Christ est descendu du ciel pour s'unir à nous, et, de sa présence eucharistique dans l'Eglise, découlent la vertu des Sacrements, la grâce qui sanctifie les hommes et les choses, et qui spiritualise la nature tout entière.

Dans les messes solennelles, la liturgie prodigue ses richesses; elle multiplie ses lumières, ses cérémonies, ses ornements, le parfum de l'encens et les symboles de la charité. Elle demande au chant grégorien ses mélodies les plus belles et les plus variées. La préface et le *Pater* expriment l'adoration, avec la simplicité et la majesté de l'art antique; le *Kyrie* et l'*Agnus Dei*, la supplication de l'espérance; le *Gloria*, la joie et la confiance de l'amour; le *Credo*, la fermeté de la foi qui reconnaît Dieu pour son principe et sa fin, et qui veut suivre le Christ et l'Église jusque dans l'éternité. Les antiennes enfin, l'introït, le graduel, l'offertoire, sont tout imprégnés des sentiments que doit faire naître la fête.

La liturgie a, comme la terre, un double mouvement : un mouvement quotidien et un mouvement annuel, qui la ramènent régulièrement aux mêmes points du ciel. Tous les jours, elle tourne sur son axe, qui est l'autel, et elle sanctifie toutes les heures par le sacrifice de la Messe et par l'office qui l'accompagne. Tous les ans aussi, elle accomplit son évolution autour du Christ, son centre et son soleil. Le Christ, immuable dans sa gloire, nous envoie du sein de son Père, avec les rayons de ses mérites infinis, les souvenirs de sa vie mortelle. La liturgie en parcourt le cercle lumineux, et, selon les points qu'elle traverse, elle a ses mois et ses saisons qui renouvellent pour l'Église les grands anniversaires de son histoire. Là encore, le visible révèle l'invisible, et l'action du soleil sur la terre est l'image de l'action du Christ dans les âmes. Les longues nuits des derniers mois de l'année figurent l'attente des nations et les désirs des fidèles; et c'est à Noël, au jour où l'astre qui doit ranimer la nature remonte à l'horizon, que l'Emmanuel apparaît dans son berceau. Sa vie obscure s'écoule au milieu des rigueurs de l'hiver, et il faut que la semence divine meure pour fleurir au printemps. Les tristesses du carême et les douleurs de la Passion précèdent les splendeurs pascales. Le Froment des élus sort de son tombeau, et le feu du Saint-Esprit, comme les chaleurs de l'été, fait mûrir les plus riches moissons. Quand l'automne a donné tous ses fruits, l'Église célèbre la fête de tous les saints que le Père de famille a recueillis dans ses greniers célestes.

Le Soleil de justice n'est pas seul au firmament. Des astres nombreux l'entourent et l'adorent; ils brillent sur le cycle liturgique, avec leurs lumières différentes. Ce sont les saints dans leur gloire, la Vierge-Mère qui les surpasse tous en éclat, les Apôtres, les martyrs, les confesseurs, les vierges, qui projettent sur la terre les doux rayons de leurs exemples. Et ainsi, chaque saison, chaque mois, chaque semaine de l'année a ses beautés, ses fleurs, ses ornements, et l'Église, dans son mouvement circulaire, tend toujours vers son centre et approche, de siècle en siècle, du jour sans fin de l'éternité.

La liturgie est la vie, l'inspiration, la règle de l'art chrétien. Ses livres, le *Missel*, le *Bréviaire*, le *Rituel* et le *Pontifical* doivent être les guides, les manuels de l'artiste qui veut glorifier le Seigneur. C'est là qu'il trouve, non-seulement la doctrine dans toute sa pureté, mais encore le symbolisme dans toute sa perfection. Le symbolisme des religions anciennes en a influencé les arts, et nous avons vu que l'art grec dut surtout sa supériorité au symbolisme qu'il emprunta à la forme humaine. Le symbolisme de l'art chrétien est d'une richesse incomparable; toute la nature et l'histoire lui fournissent des images, non plus pour cacher la vérité, comme dans les mystères païens, mais, au contraire, pour la manifester, et pour la faire comprendre au peuple.

Le symbolisme est le grand moyen d'évangéliser les pauvres, et Notre-Seigneur s'en est servi pour se faire connaître au monde. Il s'est donné à nous, comme la lumière qui éclaire les hommes, l'agneau qui doit être immolé, le pain descendu du ciel, la vigne dont nous sommes les rameaux, la pierre angulaire, le rocher inébranlable, le laboureur qui sème le bon grain, le père de l'enfant prodigue, le vrai pasteur qui meurt pour son troupeau. L'Église n'a pas besoin d'imaginer des fictions pour le représenter, car il s'est peint lui-même dans l'Ancien Testament. Il a préexisté dans les patriarches et les prophètes, comme il existe encore dans ceux qui suivent ses traces. Il est le juste Abel, Noé dans l'arche, Abraham le père des croyants, le véritable Isaac, Joseph livré par ses frères, David victorieux, Salomon dans sa sagesse et sa gloire.

La Bible et l'Évangile débordent de symbolisme, et la liturgie le répand dans toutes ses prières, dans toutes ses cérémonies, dans tous les objets qui servent au culte. Qu'on lise les bénédictions et les rites qui consacrent les personnes et les choses à Dieu, et l'on verra que, par ses saintes paroles, elle spiritualise et transfigure la nature entière. L'eau, le feu, l'huile, la cire des abeilles, les fleurs, le voile des vierges, le lit nuptial, l'épée du combat, le soc de la charrue, le drapeau de la patrie, la semence du laboureur, la poussière du tombeau, tout reçoit de la liturgie une beauté surnaturelle. La liturgie est vraiment l'art chrétien, vivant dans ses pontifes et ses ministres. Elle est reine et maîtresse des autres arts. Elle donne à l'architecture son programme, ses plans, son orientation. Elle dirige ses lignes et ses proportions; elle prête un sens à toutes ses pierres, et revêt de poésie ses portes, ses fenêtres, ses voûtes, ses tours. Elle attribue aux cloches une puissance divine. La sculpture et la peinture reçoivent d'elles leur mission, leurs sujets, leurs formes, leurs ornements, leurs couleurs. L'art devient une partie du culte et vit de la vie de l'Église.

L'art chrétien, par son union à l'Église, jouit de ses trésors, comme un fils de la fortune de sa mère. Il connaît la vérité dans toute sa certitude et il est assuré de l'unité de doctrine par l'infaillibilité pontificale. L'architecte bâtit sur le roc inébranlable; le sculpteur et le peintre expriment des vérités que le temps n'effacera jamais. L'art chrétien est catholique comme l'Église; partout ses œuvres seront comprises. Les missionnaires emporteront ses images aux extrémités de la terre et leur trouveront de pieux et sympathiques regards. Le temps n'aura pas pour lui plus de limites que l'espace; la Religion lui assure la perpétuité. Un artiste conçoit le plan d'un édifice; il en creuse à peine les fondements; mais les siècles seront ses ouvriers pour le construire; le ciseau et le pinceau l'orneront de chefs-d'œuvre, et les générations viendront s'agenouiller dans le temple qu'il a voulu consacrer au Seigneur.

Si quelque révolution violente de la nature ou des hommes vient à le renverser, l'archéologie en visitera un jour les ruines et en renouvellera les beautés. Une main pieuse retirera peut-être des décombres quelque image sainte pour la replacer dans le sanctuaire, et Dieu la rendra célèbre par des miracles de sa miséricordieuse puissance. Le peintre des catacombes, qui traçait sur la tombe des martyrs des symboles de paix et de résurrection, ne pensait pas, sans doute, à une bien lointaine postérité, et voilà que la science contemporaine étudie avec ardeur ces antiques images et que l'Église y trouve la preuve de la perpétuité de ses dogmes. Nous ignorons les noms de ces ancêtres de l'art chrétien dont les œuvres nous instruisent et nous touchent encore à travers les âges, mais nous les connaîtrons un jour. Le ciel sera un grand musée de l'art chrétien. Les Grecs appelaient l'art une vertu, ἀρετή; ce nom ne convient-il pas surtout à l'art chrétien qui adore, qui prie, qui enseigne? Le Christ, le Juge suprême, qui récompense tout ce qu'on fait pour lui, glorifiera ceux qui l'ont glorifié dans sa beauté. Puisque nous verrons resplendir sur le front des bienheureux les vertus qu'ils ont pratiquées, pourquoi ne verrions-nous pas, dans l'auréole des artistes, les œuvres de leur foi et de leur amour? Elles nous apparaîtront, non plus dans l'imperfection de leur exécution terrestre, mais dans tout l'idéal de leurs saintes pensées.

V. L'ARCHITECTURE CHRÉTIENNE.

Sa puissance et son unité d'action. — La basilique. — Le monastère. — Ameublement et vases sacrés.

L'architecture a une origine religieuse; ce fut, avant tout, pour honorer la divinité, qu'elle chercha le beau dans les lignes et les proportions. Elle n'embellit la demeure de l'homme qu'après avoir élevé les monuments de son culte, et ces monuments reçurent des croyances qu'ils expriment leur caractère et leur grandeur. Le Christianisme, en apportant la vérité au monde, dut, par conséquent, exercer une grande influence sur l'architecture et lui inspirer des œuvres dignes de la supériorité de ses dogmes.

Il ne s'agissait plus en effet d'abriter les symboles du panthéisme indien, les animaux sacrés de l'Égypte ou les belles statues de la Grèce. Ce n'était pas à des dieux aveugles et sourds qu'il fallait bâtir une demeure ; c'était au Dieu vivant et véritable. Le Verbe s'est fait chair ; il a voulu habiter parmi nous et y rester présent jusqu'à la consommation des siècles ; ses délices sont d'être avec les enfants des hommes, et c'est moins un temple qu'il demande qu'un foyer d'amour, un sanctuaire pour nous recevoir, un autel pour se sacrifier et se donner en nourriture, un trône pour exaucer nos prières et nous prodiguer ses grâces et ses trésors. Voilà pour l'architecture un programme bien nouveau ; nulle religion ne lui en avait donné un semblable.

L'architecture suivit d'abord l'Église aux catacombes, pour en creuser les galeries profondes, y aligner les tombes des martyrs, disposer les *cubicula* pour la célébration des mystères, tracer les arcosoles, décorer les voûtes et y vivre, pendant trois cents ans, de cette vie sanglante qui devait mériter la victoire. Lorsque le triomphe de Constantin lui eut rendu, avec la liberté, la lumière du jour, l'Église voulut des édifices dignes de ses dogmes et de son culte. Les temples anciens ne lui convenaient pas ; elle en purifia quelques-uns qu'elle consacra comme les dépouilles opimes des dieux vaincus, mais elle choisit pour elle la basilique romaine, et l'architecture dut l'approprier à sa nouvelle destination.

La basilique était un monument ouvert au peuple par l'autorité souveraine ; c'est là qu'elle lui rendait la justice. L'accès en était facile à tous ; une partie centrale et des nefs latérales permettaient la circulation, sans troubler l'ordre. A l'extrémité se trouvait l'enceinte réservée pour les juges ; la loi y sanctionnait les transactions et y punissait les coupables. Cet édifice était ainsi le centre de la vie sociale ; il devint par sa nouvelle destination le centre de la vie religieuse. Le Roi des rois en fit sa basilique, le siége de sa justice et de sa miséricorde.

Il est intéressant d'étudier cette transformation de la basilique et son appropriation au culte, depuis Constantin jusqu'à la Renaissance. La basilique de Saint-Paul hors les murs en est le type le plus remarquable par sa grandeur et son antiquité. La basilique de Saint-Clément en offre le plus complet modèle. Nous voyons l'Église y organiser sa liturgie et y donner à chacun et à chaque chose sa place et sa raison d'être. Le siége du Pontife est à l'abside ; au centre, le Presbytère. L'autel s'élève sur le tombeau d'un martyr et se couronne d'un ciborium, fermé par des rideaux comme le Saint des Saints de l'ancienne Loi. Les chantres sont dans la nef principale avec les diacres et les sous-diacres qui lisent aux deux ambons l'Épître et l'Évangile. Les hommes se tiennent à droite, les femmes à gauche ; plus loin les catéchumènes et les pénitents.

Toute chose visible figure les choses invisibles. L'Église matérielle représente l'Église spirituelle du Christ, qui est bâtie sur le plan de la Croix, et les âmes en sont les pierres vivantes. Les colonnes sont les Apôtres qui la soutiennent ; les portes, les Personnes divines au nom desquelles on entre ; la lumière des fenêtres, les dons du Saint-Esprit qui descendent d'en haut. Ainsi tout devient enseignement et symbole. Mais nous n'avons pas à faire ici un cours d'archéologie sacrée et à donner une traduction du *Rational* de Guillaume Durand ; nous voulons seulement comparer, en quelques pages, l'architecture chrétienne à l'architecture antique, et montrer ce que l'influence du christianisme y ajouta d'éléments nouveaux et de principes féconds.

Une œuvre d'art se juge sur l'effet qu'elle produit ; l'impression qu'elle donne est la mesure de son mérite. Les monuments religieux de l'antiquité ne nous laissent point indifférents, quoique les croyances qu'ils expriment ne soient pas les nôtres. Nous admirons les masses imposantes des temples de l'Inde et de l'Égypte. L'architecture grecque, qui résume et perfectionne l'architecture orientale, nous charme par la pureté de ses lignes et l'élégance de ses proportions. Mais toute cette beauté est extérieure ; quand on pénètre dans les monuments du panthéisme indien et qu'on arrive, par de longues avenues de sphinx, dans les grandes salles d'Isamboul ou de Karnac, on éprouve, au milieu de ce monde de figures symboliques, une sorte de vertige que donnent la confusion des idées et le mystère des initiations. On ne ressent aucune sympathie pour tous ces dieux dépossédés. L'étroite *cella* du temple grec ne séduit pas davantage. On laisse la statue dans sa solitude, pour aller respirer plus librement sous le portique, à l'ombre de ses belles colonnes et de son entablement.

Il n'en est pas de même de l'architecture chrétienne. Son but n'est pas d'élever un monument qui soit un décor dans un paysage. Sans négliger les formes extérieures, elle veut avant tout créer un monde intérieur, un milieu où l'homme sera isolé des choses de la terre, pour le mettre en présence de l'Infini. Comme Dieu, elle disposera tout avec nombre, poids et mesure. Elle combinera les lignes et les proportions; elle réglera la perspective et distribuera la lumière, de façon à faire régner partout ce qui constitue la beauté : l'unité, l'ordre, la convenance, l'harmonie, la paix, la variété, la clarté. Et elle a si bien réussi que nul ne peut entrer dans nos cathédrales, sans y trouver quelque chose de grand et d'aimable, qui ravit le cœur fidèle et séduit même l'indifférent. Montaigne l'a dit : « Il n'est âme si revêche qui ne se sente touchée de quelque révérence, à considérer la vastité de nos Églises, la diversité d'ornements, à ouïr les sons dévotieux de nos orgues et l'harmonie si posée et religieuse de nos voix. »

Par cette puissance d'effet, l'architecture chrétienne est supérieure à l'architecture antique. Elle doit surtout cette supériorité à l'application d'un principe que les anciens ont méconnu dans leurs monuments religieux.

L'Artiste suprême, en créant le monde, a pris l'homme pour unité de mesure; il l'a fait le milieu des infiniment grands et des infiniment petits, le centre des choses visibles dont il est le roi et le chef-d'œuvre. Sa demeure a été construite à sa taille. Tous les êtres sont proportionnés à son service et à ses organes, et, quelle que soit leur masse, les détails qui les ornent sont en rapport avec lui. C'est pour lui que grandissent les fleurs des champs et les cèdres des montagnes. L'homme juge tout d'après lui-même. Son pied compte la distance ; sa main, la grandeur ; sa force, les résistances. Il est la moyenne de toutes les grandeurs. Son corps est l'unité qu'il multiplie pour atteindre dans l'immensité les horizons de sa vue et de sa pensée.

Les anciens n'ont pas tenu compte de cette loi, dans leurs édifices religieux. Ils ont sacrifié l'homme et l'architecture même à leurs divinités ; pour les honorer, ils les ont faites colossales, et ils ont par là même amoindri tout ce qui les entoure. Les idoles de l'Inde écrasent leurs adorateurs, et les géants qui ornent les pylones égyptiens les abaissent. Les Grecs eux-mêmes, dont le goût est si pur et si délicat, n'ont pas évité cet inconvénient. Leur architecture n'est pas faite sur la mesure de l'homme. L'unité, qui en règle les proportions, varie selon les ordres qu'ils emploient. Le module d'une colonne en détermine la hauteur, et la colonne donne la grandeur de l'édifice, comme le rayon, celle de la circonférence. La dimension change sans produire une impression différente, lorsque la figure humaine ne permet pas de l'apprécier. Si vous grandissez cette figure, vous diminuez le monument. C'est ce qui est arrivé à Michel-Ange, en plaçant ses statues colossales dans Saint-Pierre de Rome. La basilique paraît moins grande qu'elle ne l'est, tandis que nos cathédrales produisent un effet tout contraire et nous semblent plus grandes qu'elles ne le sont en réalité.

Notre-Seigneur Jésus-Christ, l'homme parfait sur lequel tout doit être jugé, a donné à ses architectes la véritable mesure. L'autel où il réside est l'unité perspective, le centre générateur de nos églises, le module qui règle véritablement toute largeur, toute hauteur, toute profondeur, parce que l'autel est proportionné au prêtre qui offre la sainte Victime. Tous les membres de l'architecture se rapportent à l'homme et en sont comme les serviteurs. Les colonnes, les moulures, les ornements, se règlent sur sa taille. Ils n'augmentent pas de volume, mais de nombre seulement, dans les grands édifices, et cette multiplication de détails les fait paraître plus grands encore, en produisant des effets de perspective d'une admirable variété. Dieu lui-même vient en aide à l'architecture, au lieu de lui nuire comme le *Jupiter* de Phidias, dont la tête touchait le haut de son temple, à Olympie. Dieu se fait plus petit que l'homme et se cache sous les apparences eucharistiques, mais on sent son invisible présence, et, quelle que soit la dimension de l'église, elle contient toujours l'Infini.

Dans son *Dictionnaire raisonné d'architecture*, M. Viollet-le-Duc fait ressortir l'importance de cette adoption du *module* humain pour les monuments, et il déclare que ce principe « creuse un abîme entre les méthodes des arts antique et du moyen âge ». Nous attribuons en effet à son application, les progrès de l'architecture chrétienne, et surtout la puissance du style ogival; nous ne prétendons pas que ce style soit le seul style religieux, mais nous croyons que le culte catholique n'en a pas trouvé de plus convenable et de plus parfait, pour exprimer ses croyances, ses aspirations, et pour développer la majesté de ses cérémonies. Il nous sera facile de prouver que ce style est une de nos gloires nationales.

L'Église, tout en adoptant comme type de ses édifices religieux la basilique romaine, n'a repoussé systématiquement aucune forme. Elle a purifié et utilisé des monuments païens, de constructions très-différentes, et elle a laissé tous les peuples qu'elle a conquis à la vérité, bâtir leurs temples, selon leur génie, leur climat et leurs matériaux. De là, cette variété d'architecture, en Italie, en France, en Allemagne, en Espagne, en Angleterre et en Orient. On sent bien un point de départ commun, une unité de doctrines et d'inspiration dont Rome a été le centre; mais on reconnaît partout que la main de l'homme a mis en toute liberté, dans ses monuments, l'empreinte de son siècle et de sa nationalité.

L'architecture byzantine est au premier rang par ses dates et par l'influence qu'elle a eue dans nos contrées. Il ne faut pas cependant exagérer cette influence. Sainte-Sophie, de Constantinople, est un de ces édifices célèbres qu'on vante depuis trop longtemps pour oser le critiquer, mais c'est une œuvre de décadence plus remarquable par ses dimensions que par sa beauté; elle n'a aucun rapport avec l'architecture des anciens Grecs, et elle est inférieure aux basiliques bâties par Constantin. Justinien s'est inspiré des thermes de Rome et des palais des empereurs; il a vaincu des difficultés, élevé des masses imposantes, surpassé en dimension les édifices connus, mais Sainte-Sophie est moins une merveille d'art qu'un prodige de construction.

Les caractères principaux de ce type d'architecture byzantine sont la croix grecque et la coupole. La croix grecque est moins favorable que la croix latine à l'ensemble du culte et à l'unité du monument, mais elle est nécessitée par la coupole qui en est le centre et le couronnement. La coupole a besoin d'être aperçue de toutes les parties de l'édifice, et c'est ce que Michel-Ange avait très-bien compris dans le plan primitif de Saint-Pierre de Rome. Elle a une valeur esthétique et symbolique, dont les architectes romains n'ont pas méconnu la puissance; car elle n'est pas d'origine byzantine. Les chrétiens l'avaient reçue des anciens et l'avaient très-heureusement employée dans leurs baptistères et même dans leurs églises. Les artistes grecs, qui furent appelés en Italie, en France et en Allemagne, y construisirent des coupoles, mais ils s'inspirèrent bien moins de Sainte-Sophie que des modèles qui existaient à Rome. Saint-Vital de Ravenne, par exemple, et l'église de Charlemagne, à Aix-la-Chapelle, rappellent beaucoup plus Saint-Étienne-le-Rond et la *Minerva Medica* que le colossal édifice de Justinien. La coupole fut une exception dans nos basiliques latines, et on peut dire qu'elle n'y réussit pas comme effet intérieur. Elle interrompt la perspective des nefs et en obscurcit souvent la partie la plus importante. Nous citerons Sainte-Marie-des-Fleurs, où le dôme de Brunelleschi ne laisse pas descendre sur l'autel la belle lumière de Florence.

Nous l'avons dit, la basilique romaine est le type de l'église par excellence, et nous le voyons employé de siècle en siècle par les souverains Pontifes dans la Ville éternelle ; il se propage et se perfectionne dans toute l'Europe, jusqu'à ce qu'il reçoive enfin de l'architecture ogivale sa forme la plus complète, la plus expressive, la plus chrétienne.

Nous appelons *architecture ogivale* celle dont l'arc brisé est le caractère dominant, et nous nous garderons bien de lui donner l'épithète de *gothique*. Ce mot n'est qu'une injure aussi fausse en archéologie qu'en histoire. Les Goths n'ont jamais eu d'architecture particulière; ils se sont servis de celles qu'ils ont trouvées dans les pays conquis, et ils étaient disparus depuis longtemps, lorsque les architectes adoptèrent dans leurs monuments le système de l'ogive.

L'imagination et la science se sont exercées sur l'origine de l'ogive. Les théoriciens qui veulent que l'art soit l'imitation de la belle nature ont pensé que le croisement des branches et les ombrages de nos forêts en avaient donné la première idée. Des archéologues ont cru en trouver le principe dans quelques arcs brisés de constructions égyptiennes. D'autres l'ont déclarée une importation orientale qui nous serait venue des Croisades ou des Arabes d'Espagne. L'arc brisé peut exister accidentellement comme forme géométrique chez les Égyptiens, dont l'architecture est tout ce qu'il y a de plus opposé au style ogival, puisque la ligne droite et horizontale en est la ligne dominante. Les Arabes auraient plus de titres à faire valoir, mais il est prouvé maintenant que nous ne leur avons rien emprunté, et qu'en Espagne même, leurs beaux monuments n'ont eu sur les monuments chrétiens aucune influence.

Il est évident que le système ogival est né dans nos contrées, et, comme on ne pouvait en nommer l'inventeur, on a voulu en attribuer la création à des écoles laïques qui, au douzième siècle, auraient donné à l'architecture une direction nouvelle et prodigieuse. Il y a là tout un roman scientifique généralement tenu pour vrai, une théorie qui rattache à ces écoles l'affranchissement des communes, l'affaiblissement de la puissance monastique et l'aurore des idées modernes.

Au moyen âge, l'art n'était ni monastique, ni laïque; il était chrétien. Les monastères en furent nécessairement les premières écoles, puisqu'ils recueillirent les débris de la civilisation antique et enseignèrent les lettres, les sciences et l'industrie à toute l'Europe. Cluny et Cîteaux furent les grandes métropoles de cet enseignement ; leurs abbés construisirent des églises et des cloîtres comme Louis XIV bâtit les Invalides et Versailles ; ils savaient comprendre un plan et choisir les hommes. Plusieurs même furent architectes. Leur règle favorisait les talents, encourageait les industries et développait toutes les professions qui se rattachaient à l'architecture, mais ils ne prétendaient jamais en garder les secrets et le monopole. L'organisation théorique et pratique de l'architecture était toute dans les associations d'artistes, qui remontent jusqu'aux corporations de l'antiquité. Ces associations avaient le dépôt des doctrines et la tradition des procédés qu'elles perfectionnaient et qu'elles transmettaient de génération en génération. Elles étaient constituées hiérarchiquement et légalement; elles avaient des priviléges, des signes de reconnaissance, des moyens de contrôler le mérite de l'ouvrier et de lutter contre la concurrence de la médiocrité; elles s'aidaient mutuellement, établissaient des rapports entre les grands centres, propageaient les meilleures méthodes, activaient et généralisaient tous les progrès de l'art. Ces associations n'étaient possibles qu'avec la religion; elles étaient très-laïques, mais aussi très-cléricales; elles recevaient leurs inspirations et leurs programmes de l'Église, et elles ne furent jamais en opposition avec les moines, qui se faisaient inscrire au nombre de leurs membres.

Les moines ont été les protecteurs de l'art au moyen âge, parce que l'intelligence et le travail les avaient rendus riches et puissants; ils furent la cause principale de cette véritable renaissance des onzième et douzième siècles. L'élan qu'ils avaient donné s'augmenta par l'organisation des communes et le développement du pouvoir royal sous Philippe-Auguste et saint Louis. Il y eut alors une noble émulation entre les villes pour élever de magnifiques cathédrales, mais il n'y eut pas d'antagonisme entre l'architecture laïque et l'architecture monastique. L'abbé de Saint-Germain des Prés confiait à Pierre de Montereau la construction de sa chapelle de la Vierge. Les disciples de saint François mettaient au concours l'église d'Assise et donnaient la préférence à Jacques Lallemand. Arnolfo di Lapo, le grand architecte de Florence, avait pour élèves les dominicains Fra Sisto et Fra Ristoro, qui bâtirent Santa-Maria-Novella, tant admirée par Michel-Ange. Il y avait union, fraternité entre les laïques et les moines. L'architecture pouvait être monastique par le caractère que lui imprimaient l'esprit et les convenances particulières de la règle, mais elle ne différait en rien comme style de l'architecture des cathédrales. L'art était alors tout religieux. Il cessa de l'être au seizième siècle ; il devint laïque, et ce fut la cause de sa décadence.

L'architecture ogivale est le développement progressif et régulier de l'architecture romane ; elle en sort comme une fleur de sa tige ; elle est à la fois un moyen de construction et une forme du beau. Son nom même explique sa naissance ; nous l'avons déjà dit dans la *Vie de fra Angelico*. Qu'est-ce qu'un monument, une œuvre d'architecture ? C'est un ensemble de lignes droites ou courbes, perpendiculaires ou horizontales, combinées pour produire une impression sur l'homme ; pour une église surtout, c'est un milieu, un effet d'optique créé par l'artiste. L'ogive et le plein cintre produisent des effets différents, mais nous disons que l'effet de l'ogive ou de l'arc brisé a été inspiré par l'effet du style roman ou à plein cintre.

Les architectes, en construisant leurs églises à plein cintre, employaient des arcs de pierre pour supporter les arêtes de leurs voûtes. Ces supports étaient alors appelés *ogives*, et les courbes de ces ogives, en se coupant à angles droits, donnent en géométrie et en perspective toutes les variétés de l'arc en tiers-point. Si l'on se place sous les voûtes d'une église à plein cintre du douzième siècle, on aura le même effet d'optique que sous les voûtes d'une église ogivale. La seule ligne qui interrompra le mouvement ascensionnel des lignes est l'arc doubleau, qui sépare les travées. Cet arc doubleau en plein cintre se brise peu à peu, d'abord dans l'arc triomphal du transept, puis dans les arcs de la nef principale, soit comme moyen de construction pour diminuer la poussée des voûtes, soit comme moyen d'harmonie et d'unité, parce que l'arc brisé s'accorde mieux avec la croisée des ogives. L'arc brisé est aussi superposé au plein cintre, qui sépare la nef principale des nefs latérales, comme on plaçait dans un même monument l'ordre ionique sur l'ordre dorique, parce que ce qui supporte doit être plus simple et plus robuste que ce qui est supporté. Ces deux formes différentes ne détruisent pas l'unité ; elles donnent seulement à l'œil, comme la diminution du module des colonnes, la sensation d'une plus grande élévation.

L'arc brisé ou l'ogive s'est ainsi formulé en système d'architecture, et a produit ce style nouveau, cet ensemble de lignes ascendantes qui montent au ciel comme la prière, qui multiplient l'espace et y produisent des perspectives d'un effet merveilleux. L'ogive se reproduit partout, aux voussures des portes, aux ouvertures des fenêtres et jusqu'aux plus petits détails de l'ornementation, variant ses formes et se prêtant au goût des peuples avec une grande souplesse.

Notre-Seigneur Jésus-Christ, comme le patriarche Jacob, a eu des bénédictions particulières pour tous les peuples que lui enfanta l'Église. Dans la part qu'il a faite à chacun, l'Italie a eu le sceptre de la grande peinture ; la France a reçu la couronne de l'architecture chrétienne. La gloire du style ogival lui a été contestée, mais l'archéologie a écarté toutes les prétentions rivales et nous a assuré, preuves en mains, une antériorité et une supériorité incontestables.

L'Espagne avait réclamé au nom de ses monuments arabes ; il est établi maintenant qu'ils se sont inspirés des nôtres au treizième siècle, et qu'ils ont été sans influence sur le midi de la France, resté fidèle aux traditions de l'art ancien, dont il possédait de beaux modèles.

Des savants anglais ont allégué l'intersection des cintres dans quelques-uns de leurs vieux monuments ; mais, au moyen âge, l'Angleterre a été conquise par nos arts comme par nos armes, et ses plus belles églises ont été construites par des architectes étrangers.

L'Allemagne aurait des titres plus sérieux à faire valoir, si des documents authentiques et des dates précises ne démontraient l'importation du style ogival par le nord de la France ; elle conserva plus longtemps que nous le style roman dont elle possède les plus beaux types, et nous savons maintenant que la cathédrale de Cologne a été inspirée par notre cathédrale d'Amiens. L'Allemagne nous demandait alors des architectes, et Villard de Honnecourt était appelé à construire des églises en Hongrie.

L'Italie subit le style ogival plutôt qu'elle ne l'adopta ; ce fut une invasion étrangère contre laquelle lutta le génie national, qui fit triompher le plein cintre à l'époque de la Renaissance. L'ogive en Italie est surtout un moyen de construction ; elle sépare et soutient de grandes masses, mais elle n'a pas cet élan, cette liberté, cette variété, qui constituent l'unité d'un style. A Florence, à Sienne, à Lucques, à Orvieto, elle se heurte à des lignes horizontales, à des carrés, à des triangles qui nuisent à son effet. Les peintres de l'école du Giotto l'ont employée plus heureusement que les architectes pour encadrer leurs personnages. C'est le plein cintre qui est la forme nationale, et Brunelleschi a bien fait d'y revenir.

L'architecture ogivale est française ; c'est en France qu'on la voit, dès le douzième siècle, naître et se développer avec une rapidité merveilleuse. Le domaine royal est son berceau. Paris, Amiens, Chartres, Beauvais, Reims, Bourges, Troyes, offrent ses plus belles créations ; on y voit la basilique primitive, agrandie, perfectionnée, transfigurée. Le symbolisme du plan se complète ; la croix du transept s'accentue ; le chœur s'isole comme le saint des saints ; les chapelles rayonnent à l'abside et couronnent la tête du Christ ; les fenêtres répandent à travers leurs méneaux et leurs verrières une lumière abondante ; tout respire la paix, l'harmonie ; tout invite à l'adoration. L'architecture n'a jamais élevé à Dieu un plus digne sanctuaire.

La beauté de nos cathédrales n'est pas seulement intérieure ; elles peuvent lutter par leurs formes extérieures avec les monuments religieux des civilisations anciennes. Elles ne sont pas surchargées comme les temples de l'Inde de ces ornements multipliés qui affaiblissent les lignes et qui sont à l'architecture ce que le tatouage est au corps humain ; mais elles présentent des masses imposantes, des divisions claires, des profils purs qui expriment à la fois l'élégance et la solidité. Leur façade surtout captive l'admiration. Deux tours qui s'annoncent au loin remplacent avantageusement les pylônes des temples égyptiens, comme leurs flèches et leurs clochetons font oublier les obélisques et les pyramides massives ; leurs portes majestueuses avec leurs voussures profondes surpassent l'invariable fronton des temples grecs ; puis ce sont des contre-forts, des rosaces, des rinceaux, des niches, des galeries toutes peuplées de statues. Il y a là une architecture où tout est vivant et rationnel ; le vrai engendre le beau ; l'utile inspire la forme, et un moyen de construction devient un motif d'ornementation.

L'architecture chrétienne ne pouvait moins faire que d'embellir le monastère qui avait été sa première école et son berceau. Non-seulement elle bâtit pour les moines de magnifiques églises, mais encore elle orna leurs demeures de ses plus admirables créations ; elle prit l'*atrium* des habitations romaines pour en faire le cloître des monastères, dont les lignes simples, les arcades régulières et les ombres paisibles symbolisent si bien la vie religieuse. Autour du cloître sont l'église, les salles communes, le chapitre, le réfectoire, et, à l'étage supérieur, les petites cellules et les larges corridors; la pauvreté y règne dans l'ordre, l'espace et la lumière. C'est là que vivent dans l'attente du ciel ceux qui n'ont vraiment qu'un cœur et qu'une âme. Le Père Lacordaire qui a renouvelé, pour l'ordre de Saint-Dominique, en France, ces saintes demeures, les a décrites avec amour. « Au son d'une cloche, dit-il, toutes les portes s'ouvraient avec une sorte de douceur et de respect. Des vieillards blanchis et sereins, des hommes d'une maturité précoce, des adolescents en qui la pénitence faisait une nuance de beauté inconnue au monde, tous les temps apparaissaient ensemble sous un même vêtement. O maisons aimables et saintes! on a bâti sur la terre d'augustes palais; on a élevé de sublimes sépultures; on a fait à Dieu des demeures presque divines : mais l'art et le cœur de l'homme ne sont jamais allés plus loin que dans la création du monastère. »

Les principes qui avaient dirigé l'architecture dans la construction des églises et des monastères l'inspirèrent aussi dans tout ce qui se rattache au culte et à la vie chrétienne. Les autels, les stalles, les chaires, les fonts baptismaux, les croix des chemins, les tombeaux du moyen âge, offrent des chefs-d'œuvre d'une admirable variété. L'art des lignes et des proportions s'applique également aux joyaux du sanctuaire. L'orfévre s'en inspire pour composer et ciseler les vases sacrés, les chandeliers, les encensoirs, les reliquaires. Il faut voir les trésors d'Aix-la-Chapelle et de Cologne pour comprendre à quel point l'orfévrerie est unie à l'architecture.

Enfin, la grande gloire de l'architecture chrétienne au moyen âge est d'avoir maintenu l'unité de l'art et d'en avoir ainsi assuré le progrès et la puissance; elle s'est étroitement associé la sculpture et la peinture, et toutes trois ont rendu témoignage à la vérité, en glorifiant le Christ dans l'Église.

VI. LA SCULPTURE BAPTISÉE.

Son union avec l'architecture. — Ses poëmes aux portes des églises. — Retables. — Tombeaux. Ivoires. — Sceaux et monnaies.

La sculpture surtout avait besoin du Christ; il fallait l'eau sainte du Baptême pour la purifier de ses souillures.

Le génie de Phidias, inspiré par les dernières lueurs de la révélation primitive, avait représenté sous des formes humaines quelques-uns des traits de la puissance créatrice. Il avait mis sur le front de son Jupiter Olympien un rayon de cette force, de cette paix éternelle que rien ne peut vaincre et troubler. Il avait créé le type vierge de Minerve, image de l'intelligence divine, et l'avait donné à sa patrie comme principe de sa vie et de sa gloire; il avait même montré Vénus dans la dignité de l'amour conjugal, sans la dépouiller de ses voiles. Mais la sculpture descendit bientôt de ces hauteurs. La philosophie de Socrate et de Platon était incapable de contenir les passions humaines. Les poëtes se moquèrent bientôt de leurs dieux et en firent, par leurs fables, les complices de leurs vices. On rit, sur le théâtre, de Jupiter et de ses amours, et la déesse protectrice d'Athènes défendit mal son peuple contre l'enivrement du triomphe et des richesses conquises sur les Perses. L'art ne chercha plus l'idéal divin et l'honneur de la patrie. Il se laissa corrompre, comme Démosthène, par l'or de Philippe, et se mit au service d'Alexandre, qui lui fit peindre ses maîtresses et les lui abandonna pour récompense.

La sculpture grecque eut la passion du nu. Dans ce pays privilégié, sur ces fortunés rivages que le soleil inonde de ses plus brillants et plus doux rayons, vivait un peuple artiste qui cultivait la beauté dans ses membres, avant de la reproduire avec le marbre de Paros, l'ivoire et les métaux précieux. Il y avait en Grèce un système d'éducation pour donner au corps humain toute sa perfection. La course, la danse, la lutte, le pugilat, tous les exercices du gymnase tendaient à unir la force et l'élégance dans une harmonieuse proportion. L'élément moral n'était pas négligé. On savait que la beauté de l'âme était nécessaire à celle du corps, et l'on exigeait des athlètes une vie chaste et des privations que les règles monastiques proposèrent plus tard à l'imitation des solitaires.

Les fêtes et les jeux de la Grèce étaient des concours de beauté entre toutes les villes. Elles choisissaient leurs plus beaux enfants pour figurer dans les cérémonies et présenter leurs offrandes aux dieux. Elles consacraient aux vainqueurs d'Olympie des statues votives pour perpétuer les formes qu'avait admirées tout un peuple. Rien n'était négligé pour fournir à la sculpture des modèles, et les vierges étaient obligées de poser devant des artistes, afin de donner à la patrie un chef-d'œuvre de plus. Le peuple civilisé qui traitait tous les autres de barbares ne savait plus rougir de la nudité ; il avait rejeté le vêtement que Dieu avait donné à l'homme après sa chute.

Lorsque les légions romaines pillèrent la Grèce et enrichirent de ses statues les temples et les portiques de la ville éternelle, le nu prit faveur, malgré les maximes de quelques moralistes et les protestations des matrones et des sénateurs qui voulaient conserver la dignité de la toge. Les empereurs se firent représenter sans vêtements pour mieux ressembler aux dieux, et le ciseau des artistes modela toutes ces nudités, bien dignes d'assister aux débauches de Tibère et d'embellir les palais d'Adrien.

Le Christ expia ces hontes de l'idolâtrie par les saintes nudités de la flagellation et du calvaire. Sa Passion rendit au monde le sentiment de la pudeur, et son sang divin fit germer les vierges qui purent chanter, comme Agnès au milieu des violences du martyre, ce cantique nouveau : « J'aime le Christ, et je serai son épouse. Son amour me rend chaste. J'ai goûté le miel et le lait sur ses lèvres, et, par cet aliment céleste, sa chair est unie à la mienne et son sang colore mes joues. C'est lui dont la Mère est Vierge, lui que son Père a engendré spirituellement. Oui, je suis fiancée de celui que servent les anges et dont le soleil et la lune admirent la beauté. »

L'Époux, qui revêtait ainsi les vierges d'innocence et de lumière, rendit à la sculpture la pudeur et couvrit d'un vêtement royal sa nudité d'esclave. Qu'on ne s'imagine pas que ce vêtement nuisit à la beauté. Une des idées fausses qui nous viennent de la Renaissance, c'est que le nu est la forme véritable du beau. Les Grecs eux-mêmes ne le pensaient pas. Phidias drapait ses statues, et, lorsque Praxitèle offrit aux habitants de Cos deux Vénus d'égal mérite, dont l'une était vêtue et l'autre ne l'était pas, ce fut la plus décente qui eut la préférence.

Le corps humain est assurément la merveille de la création. Lorsqu'on le compare à celui des animaux, on y voit la preuve authentique d'une évidente royauté. La noblesse de son ensemble, l'harmonie de ses proportions, la souplesse de ses lignes, la grâce de ses mouvements, indiquent une vie supérieure ; mais ces membres si parfaits ne sont que le support d'un trône, la tête de l'homme est le siége de sa beauté. C'est sur son visage que le Créateur a répandu ce souffle puissant qui en fit une âme vivante, et c'est dans ce miroir que brillent toutes les clartés de l'intelligence, que se peignent toutes les émotions de la volonté. La tête est véritablement le chef, le régulateur de tous les membres. Elle en fait vibrer tous les muscles; elle en précise toutes les formes. Les artistes grecs comprenaient très-bien ces rapports de la tête et des membres. Ils faisaient descendre du front de leurs statues jusqu'aux extrémités du corps cette unité de caractère qu'on admire dans leurs œuvres. Et, comme ils cherchaient à personnifier dans les dieux et les héros les forces variées de la nature, ils n'avaient pas trop de tout le corps humain pour exprimer leurs idées d'une manière sensible. Ils employaient surtout le nu pour symboliser les types de la vie matérielle, les divinités inférieures dont les poëtes avaient peuplé les champs et les bois, les fleuves et les mers.

Lorsque la sculpture eut renoncé à ces dieux pour devenir chrétienne, elle n'eut plus à personnifier les phénomènes de la nature. La beauté morale et divine devint son idéal, et c'était sur le visage de l'homme qu'elle devait l'exprimer. L'esthétique même l'obligeait dès lors à reprendre le vêtement que Dieu avait donné à l'humanité déchue. Il fallait voiler le corps de l'homme pour faire briller davantage l'âme sur le visage, comme, dans un portrait, le peintre affaiblit par des ombres tous les accessoires, pour que le regard se fixe plus aisément sur les traits que l'art doit immortaliser.

Les draperies d'ailleurs sont expressives et peuvent avoir dès lors une grande valeur esthétique. Elles manifestent la vie de celui qui les portent. Que ce soit le manteau du prince ou les haillons du pauvre, la volonté se représente dans les plis qu'elle y forme. Leurs lignes disent plus que les muscles qu'ils cachent; l'âme se communique à tout ce qu'elle emploie, et, tous les jours, nous distinguons les effets de l'éducation et les nuances du caractère dans un détail de toilette. Les draperies laissent paraître les proportions du corps; elles en simplifient les mouvements; elles en suivent les passions et en expriment le calme ou les tempêtes. Ce sont des notes d'accompagnement qui aident et augmentent l'harmonie.

La sculpture chrétienne, en devenant plus chaste, devint plus belle, et sa chasteté aussi la rendit plus féconde et plus digne de remplir ses hautes destinées. Lorsque le Christ l'eut parée de la robe nuptiale, il l'introduisit dans l'Église et la donna pour compagne à l'architecture.

La puissance de l'art est dans l'union de tous ses moyens. Cette union avait cessé, lorsque la sculpture avait négligé ses dieux pour servir le luxe et l'orgueil des princes. Les successeurs d'Alexandre et les empereurs romains multipliaient leurs images, et c'était par centaines qu'ils expédiaient leurs statues dans leurs vastes provinces. Les artistes obéissaient à ces tristes inspirations, et leurs œuvres isolées restaient exposées aux intempéries de l'air et à l'indifférence des spectateurs, jusqu'à ce qu'une révolution vînt les renverser et les ensevelir sous des ruines. Même aux grandes époques de l'art grec, l'architecture faisait petite part à la sculpture. Lorsqu'elle avait enfermé le dieu du temple dans sa cella, vide d'adorateurs, elle demandait au ciseau des sculpteurs quelques statues, quelques bas-reliefs, pour décorer le fronton, la frise et les métopes de ses monuments. Et la place qu'elle leur donnait n'était guère favorable. Au Parthénon, par exemple, les chefs-d'œuvre de Phidias avaient peine à paraître dans les angles étroits et les moulures saillantes des tympans. Son admirable Théorie des Panathénées s'apercevait à peine derrière les colonnes et dans l'ombre de l'entablement.

L'architecture chrétienne offrit à la sculpture d'immenses surfaces à décorer; elle inventa des motifs pour encadrer et faire valoir ses compositions. Les façades des cathédrales sont peut-être les créations les plus originales de l'art chrétien; l'architecture et la sculpture y sont unies comme deux sœurs. La sculpture prodigue à l'architecture toutes les richesses de ses ornements, et l'architecture s'applique à faire ressortir tous les mérites de la sculpture. Quoi de plus ingénieux que ces porches dont les côtés inclinés et les divisions nombreuses offrent à l'œil une perspective profonde et présentent sans confusion à la lumière tous les sujets qu'ils encadrent? Quoi de plus riche que ces galeries, ces consoles qui portent des figures, ces dais qui les couronnent? Tout ce monde de statues est rangé comme une armée en bataille, sans troubler les lignes et les profils des monuments; chaque figure est proportionnée à son plan et à son importance. Colossales ou petites, toutes conservent leur valeur et témoignent d'une intelligence qu'eussent admirée les grands artistes d'Athènes.

La fécondité de la sculpture chrétienne n'est pas moins étonnante. C'est par milliers qu'il faut compter les statues de nos cathédrales. La seule façade de Notre-Dame de Paris en offre près de 800. On en compte 1,680 à Saint-Étienne de Bourges; Amiens et Reims en possèdent davantage;

à Chartres, elles sont innombrables; et toutes ces statues étaient exécutées en quelques années. La première moitié du treizième siècle a occupé des légions de sculpteurs qui ont couvert la France de leurs chefs-d'œuvre et plus produit que tous leurs successeurs, depuis la Renaissance.

L'Église, il est vrai, leur donnait un vaste programme à remplir; leur ciseau devait traduire sur la pierre sa doctrine, son histoire, son symbolisme, ses légendes, le ciel, la terre, les enfers, le passé, le présent, l'avenir, autour du Christ devant qui tout doit s'incliner. Cette science sculptée d'une époque qu'on a traitée si longtemps de barbare est maintenant laborieusement étudiée par les sociétés savantes. On discute, on écrit des volumes pour l'expliquer, comme pour déchiffrer des textes hiéroglyphiques et cunéiformes, tandis qu'au moyen âge, tout le monde savait lire ce catéchisme de pierre, et, sur la place publique, les mères l'expliquaient à leurs enfants émerveillés.

La porte de l'Église était le frontispice de ce livre populaire. L'Église de la terre est l'image de l'Église du ciel. Dieu y réside et y donne, par sa grâce, les arrhes de la gloire. C'est par Notre-Seigneur Jésus-Christ qu'on y entre comme dans la vie éternelle. Il est la porte unique, et la sculpture, après avoir gravé d'abord sur le tympan sa croix, son monogramme ou l'Agneau divin, le représente ensuite siégeant, entouré des symboles des quatre évangélistes, bénissant et tenant le livre où se trouvent ces mots : *Je suis la voie, la vérité, la vie.* A mesure que la porte et le tympan prennent de l'importance, les figures se multiplient autour du Christ. Ce sont les anges qui l'adorent, les Apôtres qu'il a envoyés évangéliser les peuples de la terre et qu'il a constitués juges des tribus d'Israël. Puis, lorsque la cathédrale arrive à toute la beauté de ses développements, des poëmes magnifiques décorent les trois portes de l'église où l'on entre au nom des trois Personnes de la Sainte-Trinité.

Sur le linteau de la porte principale, le Christ debout, vainqueur du démon, bénissant ceux qui entrent et leur présentant le livre de la loi. Des deux côtés, les Apôtres, les saints protecteurs de la cité, forment sa cour. A leurs pieds, comme décoration du soubassement, des médaillons présentent toute l'histoire du monde que Notre-Seigneur est venu sauver, la création, le ciel, la terre, les signes du zodiaque, la chute de l'homme, le travail auquel il est condamné, ses occupations à la ville et à la campagne, pendant tous les mois de l'année, les arts, les métiers qui doivent servir Dieu et le prochain, les vertus qu'il faut pratiquer, les vices qu'il faut combattre. C'est une encyclopédie comme celle de Vincent de Beauvais, un miroir naturel, doctrinal, historique, où chacun trouve sa place et son enseignement. Et s'il est fidèle à Celui qui est la voie, la vérité, la vie, il n'a qu'à lever les yeux pour savoir quelle sera sa récompense.

Au-dessus de la statue du Christ, dans le tympan du portail, est la grande scène du jugement dernier. Le Rédempteur trône dans toute sa majesté, pour juger les vivants et les morts. A ses côtés, la Vierge et saint Jean, les grands témoins du Calvaire, sont aussi les témoins de sa justice et de sa miséricorde ; Marie, la Mère des hommes qu'elle a si douloureusement enfantés, et Jean, le disciple bien-aimé, le représentant de ceux qui ont profité de cette ineffable maternité. Autour d'eux, les anges portent les instruments de la Passion, les pièces de conviction qui vont justifier la sentence.

Au son de la trompette, les morts sortent du tombeau ; l'archange saint Michel pèse leurs âmes. Les maudits, enchaînés, sont entraînés par les démons dans la gueule de l'enfer, tandis que les bénis du Père sont portés dans le sein d'Abraham et conduits au ciel. Dans les lignes concentriques de la voussure du tympan, sont représentés avec une grande variété de composition les bienheureux habitants de la Jérusalem céleste. Ce sont les chœurs des anges, les vieillards de l'Apocalypse, les patriarches et les prophètes, les martyrs, les confesseurs, les vierges qui portent les signes de leur victoire et contemplent avec amour le Christ, leur roi et leur modèle.

Les autres portes sont dédiées à la sainte Vierge et aux saints patrons de l'Église. Leurs légendes ornent alors les médaillons du soubassement, et les sculptures du tympan représentent leur gloire ; mais toujours la figure du Christ les couronne, car c'est toujours lui qui est la porte, c'est par lui qu'ils sont arrivés au bonheur. La Vierge a toujours la place d'honneur : elle est à la droite de son Fils, et les artistes, par leurs chefs-d'œuvre, lui ont rendu le culte privilégié qui est dû à sa maternité divine. Sa statue orne aussi le linteau de la porte, parce que Marie est aussi la porte du ciel. C'est par elle qu'est descendu vers nous l'Emmanuel et c'est par sa toute-puissante intercession que nous entrerons dans la céleste patrie. Elle porte au front la couronne de sa royauté; elle tient d'une main, pour sceptre, son lis virginal, et de l'autre son Fils qu'elle contemple et qui lui sourit avec amour. Autour d'elle et au-dessus de sa tête sont représentés les faits principaux de sa vie : l'Annonciation, la Visitation, la Présentation au temple, son agonie au calvaire, sa mort, son ensevelissement, son Assomption et son couronnement dans le ciel. Les chœurs des anges assistent à son triomphe avec les rois, ses ancêtres, et les prophètes qui l'ont annoncée; ils tiennent des phylactères où sont inscrits des textes à sa louange. Les légendes des saints se déroulent de la même manière aux portes qui leur sont dédiées. Ce sont des poëmes sculptés d'une poésie charmante.

La science a réformé les singuliers jugements qu'on portait autrefois sur l'architecture du moyen âge; l'étude approfondie qui a été faite de ses monuments a démontré tout leur mérite; mais justice n'a pas été encore rendue aux sculpteurs qui les ont décorés. Ce sont eux cependant qui ont porté le plus loin la perfection de l'art chrétien, et la France est la première à revendiquer cette gloire. Car, dans la sculpture, elle a devancé et surpassé les autres nations; elle n'avait pas pour modèles les belles statues que l'Italie et la Grèce ont offertes à l'imitation de la Renaissance, et elle a cependant créé des chefs-d'œuvre qu'eussent admirés les grands artistes d'Athènes. Son génie a trouvé, dans sa foi profonde, des inspirations nouvelles et des types d'une incroyable pureté.

L'histoire de la sculpture chrétienne en France est à faire, et les belles photographies qu'on publie maintenant aideront ceux qui voudront l'entreprendre. On verra, aux douzième, treizième et quatorzième siècles, des écoles puissantes se développer au nord et au midi, régner dans les grandes cathédrales. Paris, Amiens, Reims, Strasbourg, Chartres, Bourges, Arles, Toulouse, sont des centres dont le style rayonne dans toutes les contrées environnantes. Des centaines d'artistes y travaillent; il y a variété, inégalité même, mais il y a unité de direction, harmonie d'ensemble, et, lorsque toutes ces pierres sculptées dans l'atelier ont pris rang sur la façade de l'édifice, on voit que ceux qui les ont faites n'ont eu qu'une seule inspiration, comme une même foi et un seul baptême.

Nous voudrions donner quelques preuves à l'appui de ce que nous disons de la sculpture chrétienne; mais le choix est difficile, vu le peu de place dont nous disposons. Nous signalerons, sans crainte d'être contredit, le tympan de la porte de la Vierge à Notre-Dame de Paris, comme un des plus beaux spécimens de l'art au treizième siècle. Il y a, dans la partie qui représente l'ensevelissement de la Vierge, une noblesse de lignes, une pureté d'exécution vraiment dignes de la scène que l'artiste a voulu rendre; il y règne une piété, une paix, une pensée mystérieuse qui tient de l'extase. On ne sait si les anges déposent le corps de la Vierge dans son tombeau, ou s'ils l'en retirent. Le Christ semble venir la chercher et la réveiller pour la couronner dans la gloire. Il explique ce qu'il va faire aux Apôtres qui paraissent se préparer à assister à son triomphe. Le profil du Christ est peut-être le type le plus pur, le plus saint, le plus rapproché de l'idéal divin, qui soit sorti des mains de l'homme. Les Apôtres, parfaitement différenciés, sont aussi admirables de noblesse et de grandeur.

Le couronnement de la Vierge, qui domine cette scène, n'est pas du même artiste, mais il offre aussi une magnifique composition. La Vierge partage le trône de son Fils et s'incline avec amour sous sa bénédiction. Ce sujet n'a jamais été mieux traité par la grande école italienne. Nos sculpteurs ont excellé surtout à représenter les anges; ils ont incarné leur nature spirituelle dans une jeunesse rayonnante de vie, de lumière et de pureté. Ce sont vraiment des apparitions du ciel, comme on en retrouve, deux cents ans plus tard, dans les tableaux de Fra Angelico. Nous citerons, comme comparables aux plus beaux anges du peintre de Fiesole, les anges qui portent les âmes des justes dans le sein d'Abraham et qui accompagnent les élus dans le ciel, au portail de Reims.

Que dire aussi de ces légendes des saints qui se déroulent sur les bandes des tympans de nos cathédrales : saint Étienne, au portail méridional de Notre-Dame de Paris; saint Honoré, à Amiens; saint Ursin, à Bourges; saint Remy, à Reims? Tous ces poëmes sculptés rivalisent certainement avec les poëmes peints des chapelles d'Assise et de Florence, avec les grandes fresques du Campo Santo de Pise. Il y a la même intelligence de l'art monumental, et de plus une élégance, une noblesse de formes, une pureté d'exécution que les artistes de la Renaissance n'ont pas égalées. Nous recommandons comme moyens de comparaison les grandes statues des porches de Chartres, les Vierges sages et les Vierges folles de Strasbourg, et les figures qui décorent toute la base de la façade de Notre-Dame de Reims. Il y a là une Vierge, dans la Visitation, dont la tête et les draperies sont si belles qu'on aurait pu l'attribuer à Phidias, si on l'eût découverte sous les ruines d'un temple d'Athènes.

Et que serait-ce, si nous avions contemplé, dans l'éclat de leur jeunesse, ces chefs-d'œuvre déshonorés par le temps ou mutilés par le fanatisme, si nous avions vu les statues toutes brillantes d'or et de peintures, si nous les avions vues surtout avec la foi et l'amour des générations qui les faisaient faire? Nous les regardons maintenant avec indifférence; nous n'aimons plus les saints, nous ne connaissons plus leur vie. Nous sommes étrangers aux pensées des artistes; leurs compositions sont des énigmes pour nous, et, quand nous voulons les expliquer, nous cherchons dans les rêves de notre imagination ce que nous trouverions dans la tradition et les enseignements de l'Église. Nous prêtons au moyen âge nos idées modernes, et nous voulons lui imposer nos théories politiques.

A une des portes du nord de la cathédrale de Chartres, parmi les anges et les bienheureux du ciel, se voient quatorze femmes couronnées et nimbées; elles tiennent des sceptres, des croix ou des étendards, et s'appuient sur des écussons symboliques. Près d'elles sont écrits des noms, celui de la liberté, par exemple : LIBERTAS. Cette femme n'est-elle pas la patronne des communes émancipées et une ancêtre de la Révolution française? M. Didron, qui a fait autrefois autorité en semblables matières, a vu dans ces statues la personnification des *vertus politiques et sociales,* et il en a donné des explications que la théologie scolastique n'a jamais enseignées. Ces vertus ne sont ni théologales, ni cardinales, et quelques-unes ont des titres qui rappellent les divinités païennes. Comment la force, l'agilité, la santé, la volupté, la puissance, la sécurité ont-elles si belle place dans le royaume du ciel? L'archéologue a réponse à tout et nous fait connaître toutes les pensées des sculpteurs de Chartres. Malheureusement, il ne peut les prouver par aucun texte contemporain. Madame d'Ayzac, qui a si bien mérité de la science par ses travaux sur le symbolisme chrétien, a suivi une autre méthode et nous a parfaitement expliqué les statues de Chartres, en nous présentant le programme qu'en avaient donné aux artistes les théologiens du moyen âge. Saint Anselme, saint Bernard, saint Thomas d'Aquin, saint Bonaventure, exposent tous de la même manière les béatitudes célestes, les sept biens du corps et les sept biens de l'âme dont jouissent les bienheureux dans la gloire. Ce sont, pour le corps : la beauté, l'agilité, la force, la liberté, la santé, la volupté, l'immortalité; et pour l'âme : la sagesse, l'affection, la concorde, l'honneur, la puissance, la sécurité et la joie. Et ce sont ces noms que les sculpteurs de Chartres ont inscrits près des statues dont l'expression, la pose, les emblèmes et les écussons traduisent tous les enseignements des théologiens contemporains.

La sculpture chrétienne excelle aussi dans l'ornementation. L'architecture lui confia ses chapiteaux et ses moulures, et elle les embellit avec une mesure, une intelligence admirables. Les Égyptiens et les Grecs avaient sculpté quelques feuillages dans leurs monuments. Les artistes du moyen âge les prodiguent dans leurs églises et emploient toute la nature à louer le Seigneur. Dès le douzième siècle, ils négligent l'ornementation romaine et byzantine pour demander aux bois et aux champs des motifs d'une incroyable variété. Ils abandonnent l'orgueilleuse feuille d'acanthe pour exalter les plus humbles plantes; ils semblent donner la préférence aux petites fleurs, qui, dans leur vie si rapide, ont une énergie de forme, une précision de lignes qui s'harmonisent facilement avec l'architecture. Il est curieux de voir comment les sculpteurs les ont étudiées, acclimatées dans les édifices qu'ils voulaient orner; et cela, non par cette imitation puérile qui charme les époques de décadence, mais par un ennoblissement monumental qui n'empêche pas de les reconnaître. Chaque pays fournit des feuilles et des fleurs pour parer les chapiteaux et les rinceaux de son église. Les fougères, la chélidoine, le géranium, le lierre, la vigne, la rose de l'églantier, s'y montrent dans une simplicité vraie qui ne trouble pas les lignes de l'architecture.

La sculpture demanda aussi aux autres règnes de la nature des motifs d'ornementation; elle emprunta aux *Bestiaires* ses animaux symboliques et glissa au milieu de ses feuillages l'enseignement, quelquefois satirique, des fabliaux. Elle composa enfin ces monstres hybrides qui représentaient les démons et les vices, ces dragons que foulaient à leurs pieds les saints, et ces gargouilles condamnées à rejeter loin des murs toute l'eau des toits.

Ce fut peu à peu que la sculpture fut admise à décorer l'intérieur des églises. La statuaire devait y avoir moins d'importance que dans les temples anciens, où elle avait reçu l'encens des sacrifices. La peinture rappelait moins le culte des idoles et s'accordait plus facilement avec les lignes de l'architecture; c'est à elle surtout que fut confié l'apostolat de l'art. Quand la victoire de Constantin fit cesser les persécutions, la sculpture orna de bas-reliefs les tombeaux des chrétiens et des martyrs. Elle y reproduisit les compositions des catacombes qui figurèrent aussi sur les boîtes d'ivoire où se conservaient les pains eucharistiques. On plaçait également sur l'autel des diptyques offerts pour recommander aux prières des fidèles la puissance des princes et la mémoire des morts. Des sujets de l'Ancien et du Nouveau Testament, des traits de la vie des saints y étaient représentés. Ces diptyques ont souvent des dates certaines par le nom des consuls et des empereurs; ils permettent de suivre l'histoire de l'art dans les premiers siècles et d'étudier le style différent des écoles grecques et italiennes.

L'Église confia aussi à la sculpture l'ornementation de son ameublement : les fonts baptismaux, la chaire, les châsses, se couvrirent de bas-reliefs et de statuettes; le chœur fut fermé comme le Saint des saints. Les artistes y déployèrent le talent qu'ils avaient montré sur la façade des cathédrales. Les clôtures du chœur de Notre-Dame de Paris, d'Amiens et de Chartres, rivalisent avec les chefs-d'œuvre de leur porche. Les stalles fournirent également à la verve française l'occasion de se distinguer dans leurs bas-reliefs, leurs accoudoirs et leurs miséricordes.

Une des plus belles créations de la sculpture chrétienne furent les tombeaux élevés dans les églises au moyen âge. Les vivants n'avaient pas peur des morts et ne cherchaient pas à en éloigner les ossements et le souvenir. Tous voulaient reposer sous les dalles, ou près des murs de l'église de leur baptême, et y attendre, dans la paix du Seigneur, le jour de la résurrection. Leur tombe n'avait pas la tristesse des sarcophages antiques ni l'orgueil des monuments de la Renaissance; les chrétiens s'y étaient couchés, les mains jointes, pour y dormir un sommeil plein d'espérance. Des anges gardaient leurs écussons et soutenaient leurs têtes; leurs pieds reposaient sur des lions ou des chiens, emblèmes de force et de fidélité. Ils étaient là, prêts à se lever au commandement du Juge suprême; ils portaient les insignes de la dignité dont ils avaient à rendre compte. Pontifes et rois attendaient la récompense de ce qu'ils avaient fait pour l'Église, et le chevalier tenait ferme sur sa poitrine l'épée des croisades. Les femmes étaient armées de leurs rosaires, comme cette douce et sainte Roberte de Poncher dont la statue représente si bien la sculpture chrétienne au musée du Louvre.

Dans les arts qui dépendent de la sculpture, les artistes du moyen âge ont produit des œuvres charmantes ; ils ont ciselé, avec les métaux les plus précieux, des vases sacrés, des chandeliers, des reliquaires ; ils ont modelé des statuettes, des retables à volet pour les chapelles domestiques ; ils ont satisfait, par leurs créations, tous les désirs de la dévotion populaire.

Ils n'ont pu rivaliser avec les anciens dans la fabrication des monnaies ; le système monétaire ne leur offrait que des flancs très-minces où ils ne pouvaient graver que des symboles et des formules de leur foi. Une croix, un agneau, le nom d'un saint, et les légendes : Sit nomen Domini benedictum. Xhristus vincit. X. Regnat. X. imperat. Mais ils se sont dédommagés de cette gêne, dans la fabrication des sceaux dont les empreintes permettraient, comme les médailles grecques, d'écrire une histoire de l'art et d'en distinguer toutes les époques et toutes les écoles. L'architecture et la sculpture s'y résument dans de petits chefs-d'œuvre qui ont le style et les qualités de l'art monumental ; et ce n'était pas étonnant, car c'étaient les mêmes artistes qui sculptaient les sceaux et les façades des cathédrales. Nous en avons la preuve dans le sceau de la congrégation de Notre-Dame de Paris, dont la Vierge est de la même main que les Vertus qu'on voit au portail principal.

VII. LA PEINTURE CHRÉTIENNE.

Son apostolat. — Peintures des Catacombes. — Mosaïques. — Vitraux. — Manuscrits-gravures.

La peinture se convertit la première à l'Évangile. Elle descendit aux catacombes pour confesser la foi et y honorer la tombe des martyrs. Son droit d'aînesse lui mérita une bénédiction particulière. Notre-Seigneur Jésus-Christ lui confia un apostolat véritable et lui donna, pour l'exercer, des moyens nouveaux.

Les peintures des catacombes sont très-intéressantes à étudier au point de vue de l'art et de la doctrine. On y voit la régénération de l'art antique et l'appropriation de ses symboles aux dogmes chrétiens. C'est le grain qui meurt dans la terre pour produire au centuple, et faire naître, quand l'hiver des persécutions sera passé, les plus riches moissons. Le peintre, conquis à la vérité, savait la grammaire de la langue qu'il devait parler ; les règles de la peinture décorative lui étaient familières, et sa main traçait facilement un certain nombre de figures dont les lignes et les proportions étaient consacrées par une longue tradition. Lorsqu'il descendit aux catacombes pour y peindre, à la lueur des flambeaux, des compositions que le bourreau venait souvent interrompre, il ne cherchait pas à inventer des types nouveaux. Il utilisait ceux qu'il avait reçus de ses maîtres, comme l'Église se servait des mots grecs et latins pour exprimer les pensées chrétiennes. Il empruntait sans scrupule à la nature les symboles qu'il avait autrefois représentés dans les temples païens. Dieu rentrait ainsi dans ses droits, puisqu'il a créé les choses visibles pour faire comprendre les invisibles. Il ne craignait même pas de demander à la mythologie ses poétiques fictions et de peindre, sous les traits d'Orphée, Jésus attirant à lui toute la création, et, sous ceux de Pysché, l'âme fidèle dans ses rapports avec l'Amour divin. N'était-ce pas consacrer, au culte de la Vérité, les vases précieux enlevés aux erreurs de l'Égypte?

Il y avait d'ailleurs une raison pour employer ces symboles et ces figures. La religion, qui venait chercher une sorte de liberté près du tombeau des martyrs, n'y était pas cependant à l'abri du regard des profanes et de la police de ses persécuteurs. Elle cachait le secret de sa doctrine sous des compositions simples dont les personnages isolés ou peu nombreux rappelaient les statues et les peintures qu'on voyait dans les édifices publics. Le bon Pasteur portant la brebis ressemblait au berger portant un chevreau et personnifiant le printemps. Les *Orantes* avaient la pose des génies suppliants. Les festins de la charité pouvaient être pris pour des repas funèbres, et le char d'Élie pour celui d'un triomphateur. Les palmes et les couronnes convenaient à toutes les victoires, et les chrétiens multipliaient sans inconvénient la forme des croix dans leurs plafonds, parce qu'elles se trouvaient souvent naturellement dans les voûtes des sépultures païennes. Ces ressemblances déroutaient les soupçons. Et d'ailleurs comment reconnaître le séjour de ceux que poursuivait la haine, dans ces galeries où tout parlait de bonheur et de paix? Les chrétiens seuls comprenaient ces peintures. L'Église, qui les avait inspirées, les expliquait à ceux qui venaient, dans ces asiles de la prière, apprendre à vivre et à mourir. C'était un catéchisme en images où les enfants mêmes savaient lire. Le savant auteur de *Sainte Cécile et la Société romaine aux deux premiers siècles* nous a donné de cet enseignement une esquisse brillante qui fait désirer un volume où il résumerait et compléterait les découvertes merveilleuses du Commandeur de Rossi.

Toutes ces peintures des catacombes ont le Christ pour objet ; sa vie, sa doctrine, ses miracles, sa passion, sa mort, sa résurrection, son Église, ses promesses, y sont représentés par des symboles et des figures de l'Ancien Testament. Il est le nouvel Adam qui doit réparer, sur l'arbre de la Croix, le péché originel ; le véritable Isaac offert en sacrifice, le Moïse de la loi d'amour, la pierre qui donne l'eau de la vie éternelle, l'homme de douleur comme Job, le vainqueur de Goliath comme David, le poisson de Tobie chassant les démons et rendant la vue aux aveugles, Jonas jeté à la mer pour le salut de tous et rendu à la vie après trois jours, Élie montant au ciel et laissant à son disciple Pierre le manteau de son pouvoir et l'infaillibilité de sa doctrine. Cette doctrine attire les peuples comme les chants d'Orphée charment la création. Il est le bon Pasteur qui ramène la brebis au bercail, en effaçant les péchés par la grâce du baptême et de la confession. Il guérit le paralytique et ressuscite Lazare ; il est la fontaine où puise la Samaritaine, le Pain du ciel qu'il multiplie pour nourrir les peuples, la Vigne qui porte les rameaux et donne le vin qui fait germer les vierges. Il fonde l'Église comme Noé construisit l'arche du salut, au temps du déluge. Il s'y renferme avec les siens qu'il doit garder et sanctifier jusqu'au jour où la colombe de la résurrection portera le rameau de la délivrance et annoncera les joies de l'éternité, à ceux qui auront été sauvés, comme les enfants dans la fournaise, comme Daniel dans la fosse aux lions.

Les symboles du Christ deviennent les symboles des chrétiens dont il est la lumière et la vie ; car l'Agneau immolé, dès le commencement, change en agneaux les loups mêmes. Le divin Poisson sert de nourriture aux poissons que pêchent les Apôtres, et les âmes fidèles prennent les ailes de la colombe, pour suivre la Colombe qui porte la branche d'olivier.

Ainsi tout est doctrine, enseignement, glorification du Christ. Les catacombes deviennent l'école de la peinture chrétienne. L'Église l'instruit, la dirige dans ses premières compositions, et les nombreux pèlerins qui viennent visiter les tombeaux des martyrs propagent au loin ses types et ses symboles. Si l'on compare ces peintures à celles qui furent exécutées aux mêmes époques dans les édifices publics et le palais des Césars, on verra qu'elles ne leur sont pas inférieures, comme mérite artistique. Ce sont les mêmes procédés, le même système décoratif, la même simplicité de lignes et de compositions qu'on admire dans les fresques d'Herculanum et de Pompéi. Une ou deux figures représentent une action ; la pose, le geste, caractérisent un personnage comme sur les revers des médailles romaines. Ce rapport sera encore plus évident, si l'on compare les sépultures chrétiennes aux sépultures païennes, le tombeau des Nasons, par exemple, à une des chambres du cimetière de Flavia Domitilla. On dirait ces peintures exécutées par les mêmes artistes ; et cela n'était pas impossible.

Pourquoi les artistes ne se seraient-ils pas convertis comme les familles patriciennes qui les employaient? Pourquoi, en cherchant le beau, n'auraient-ils pas trouvé le vrai, et ne seraient-ils pas arrivés à la possession du bien par excellence, à la lumière de l'Évangile et à la grâce du baptême? Notre-Seigneur était venu pour tous, et s'il eut des préférences pour les pauvres qui pouvaient moins se défendre contre l'erreur, il ne rejeta pas les riches, les savants et les artistes. Les somptueuses décorations des catacombes sont une preuve des conquêtes que le christianisme fit, dès l'origine, dans les classes élevées de la société romaine. Vouloir limiter au peuple et aux malheureux les conversions de l'Évangile, c'est contredire tous les textes et les faits contemporains. Que gagnerait à cela, d'ailleurs, la fausse science? Ce serait retarder le miracle historique et le rendre plus éclatant, puisque les grands auraient reçu la vérité de leurs esclaves et des gens qu'ils méprisaient. Après les beaux travaux de M. de Rossi et de dom Guéranger, il est évident que les descendants des Cæcilii et des Metelli écoutèrent directement la parole des Apôtres. Notre-Seigneur était venu établir son règne, qui est celui de la charité. La pauvreté volontaire était un de ses moyens principaux. Lui, le Créateur de toutes choses, le Riche par excellence, s'était fait pauvre, et il eut, dans la famille des Césars, des imitateurs qui vinrent déposer leurs biens aux pieds des Apôtres. L'inégalité des conditions était nécessaire à la charité. L'aumône coulait des mains du riche dans celles du pauvre, comme la source descend de la montagne pour féconder la vallée, et ceux qui donnaient n'avaient, avec ceux qui recevaient, qu'un cœur et qu'une âme.

Lorsque la victoire de Constantin fit cesser les persécutions, l'artiste chrétien sortit de l'obscurité des catacombes pour continuer son apostolat au grand jour des basiliques. Il n'a plus dès lors de secrets à garder; ce ne sont pas les consolations de l'espérance, ce sont les joies du triomphe qu'il doit exprimer. Le Christ a vaincu, il règne, il commande. Il apparaît à la voûte de l'abside, au milieu des Apôtres qui ont évangélisé les nations, et ses brebis fidèles le reconnaissent pour pasteur. Il porte la Croix comme sceptre de sa puissance, et cette Croix resplendit de fleurs, de pierres précieuses et de lumières.

L'Agneau victorieux domine le monde; les quatre fleuves du paradis terrestre coulent à ses pieds, et les cerfs accourent se désaltérer aux eaux évangéliques. La Vierge-mère reçoit les honneurs qui lui sont dus. Elle présente son Fils aux adorations des rois de la terre, et son Fils la couronne Reine des anges et des hommes. Les martyrs sortent de leurs tombeaux; ils entourent le Christ et partagent son triomphe.

La peinture employa alors un procédé digne de ses nouvelles destinées. L'art antique avait étendu, sous les pieds des puissants de la terre, de riches tapis en mosaïque; il avait orné de figures et de dessins le pavé des temples et des palais. L'Église vit dans cet art secondaire un puissant moyen de perpétuer ses enseignements. La mosaïque devint sa peinture privilégiée.

Les mosaïques des anciennes basiliques continuent les peintures des catacombes; elles les expliquent et les complètent. L'iconographie chrétienne s'y développe. Les dogmes ne se cachent plus sous des symboles; ils se précisent et s'affirment contre les hérétiques qui attaquent l'Église. Le peintre n'emprunte plus des types à l'art païen. Il en crée de nouveaux et les perfectionne peu à peu. Il représente les grandes figures de l'Ancien Testament, Isaac, Jacob, Moïse, Josué, la vie de Notre-Seigneur et de la Vierge dans une série de compositions où les idées et les sentiments sont exprimés avec beaucoup de naturel et de vérité. Il écrit même l'histoire contemporaine, et au triclinium de saint Léon, en regard de Notre-Seigneur remettant les clefs à saint Pierre et le labarum à Constantin, il place le prince des Apôtres, donnant le pallium au Pape et l'étendard à Charlemagne.

On peut étudier dans les mosaïques la marche de l'art, siècle par siècle, depuis son affranchissement sous Constantin jusqu'à son apogée par la grande école du Giotto. Cette peinture, si dispendieuse, si lente à exécuter, contribua sans doute beaucoup à ses progrès. Elle nécessitait des cartons, et ces cartons étaient demandés aux meilleurs artistes. Leurs œuvres étaient des modèles qu'on copiait et qu'on cherchait à surpasser. On y distingue, au milieu des influences incontestables des écoles grecques, une école vraiment latine, qui, par la simplicité de son style et le calme de ses lignes, se rapproche plus de l'art ancien que les maîtres byzantins, si en faveur au moyen âge.

La mosaïque est d'origine romaine; c'est de la Ville éternelle qu'elle est partie pour aller trôner aux voûtes des basiliques, à Sainte-Sophie de Constantinople, à Saint-Marc de Venise, à Ravenne, à Florence, en Sicile et sur les bords du Rhin, à la suite de Charlemagne. Mais Rome est sa véritable patrie, et c'est là qu'elle a multiplié ses chefs-d'œuvre. Les Papes ont toujours été ses protecteurs, et maintenant que les nations ne sont plus chrétiennes, comment emploieraient-elles cette peinture impérissable à représenter leurs histoires éphémères? Aussi la mosaïque, comme une reine dépossédée, est venue chercher un asile à l'ombre du trône pontifical, et, à l'heure présente, l'auguste prisonnier du Vatican la nourrit de ses bienfaits. Il l'emploie encore à décorer les autels et à conserver, par d'immortelles copies, les chefs-d'œuvre que la Révolution menace de détruire.

La mosaïque ne pouvait suffire à la mission de la peinture chrétienne qui devait enseigner le peuple dans les plus humbles chapelles. Aussi la fresque fut son principal moyen, et, pour l'employer, elle l'unit étroitement à l'architecture.

Nos idées sur l'art sont si incomplètes que l'architecture polychrome a été mise en question par nos savants. Nous acceptions pour les monuments anciens cette nudité de nos églises que nous ne voulons même pas pour nos habitations particulières, et il a fallu que l'archéologie nous prouvât cette alliance universelle de l'architecture et de la peinture, non-seulement dans les temples de l'Inde et de l'Égypte, mais encore dans les édifices si célèbres de la Grèce. A défaut d'autres preuves, les églises du moyen âge pouvaient en rendre témoignage, car les artistes qui les ont élevées et ornées sont, beaucoup plus que nous, les héritiers des Grecs; ils avaient les traditions du grand art, et ils ont compris d'une manière admirable cette science si rare de la peinture décorative, cette intelligence de la ligne verticale et horizontale, cette entente des détails dans leurs rapports avec l'architecture. Ils possédaient surtout l'harmonie des couleurs, cette partie musicale de l'art qui impressionne l'âme et lui communique des sentiments de paix, de tristesse ou de triomphe. La simplicité de leurs moyens peut se comparer aux mélodies du chant grégorien ; ils procèdent par teintes plates qui laissent au monument toute la tranquillité de ses surfaces, et avec les trois couleurs primitives, le jaune, le rouge et le bleu, qu'ils coupent habilement de blanc, de noir et d'or, ils arrivent à des effets surprenants. Ils ont des ornements proportionnés à l'importance de l'édifice ; un simple filet, un léger rinceau leur suffit quelquefois pour vivifier la pierre, et l'on trouve souvent dans une modeste église, échappée aux désastres des révolutions ou au badigeon du mauvais goût, des motifs de décoration dont la beauté ravit nos plus habiles architectes.

Les artistes du moyen âge apportaient la même science dans leurs tableaux ; ils les soumettaient aussi aux lois de l'architecture, évitant les perspectives trop profondes, les couleurs trop foncées. Leurs groupes ont la disposition calme des bas-reliefs antiques ; leurs figures sont peu modelées, mais les gestes sont simples et expressifs ; tout se lit facilement et l'œil n'a pas besoin de chercher pour comprendre. C'est ainsi que la grande école du Giotto écrivit ses beaux poëmes sur les murs de Saint-François d'Assise, de Sainte-Croix de Florence, de Santa-Maria Novella et du Campo Santo de Pise. Les peintures murales décoraient aussi nos églises romanes, comme le prouvent les textes des anciens auteurs, mais elles ont presque toutes disparu en France dans le prodigieux renouvellement de l'architecture aux douzième et treizième siècles. Les populations ne trouvaient plus leurs églises assez belles et assez grandes pour leur foi, et les artistes, pour les satisfaire, inaugurèrent ce style ogival dont les lignes ascendantes rappellent l'élan des croisades : les nefs s'agrandissent, les voûtes s'élèvent, les fenêtres prennent de l'importance et jettent dans l'intérieur de l'église une abondante lumière. La peinture chrétienne s'en empare, et, en la faisant passer par les mille couleurs de ses vitraux, elle crée à l'architecture un moyen d'action d'une puissance merveilleuse.

La peinture sur verre fut un art nouveau très-distinct de la peinture murale par ses principes et ses effets. Ses couleurs transparentes en font une peinture vivante qu'animent les rayons du soleil ; elle suit toutes les heures du jour et promène les variétés de ses teintes dans toutes les parties de l'édifice. Elle en visite successivement toutes les surfaces, les colonnes, les nervures; elle en embellit toutes les perspectives et répand partout un charme mystérieux et une harmonie comparable à celle que font retentir sous ses voûtes les jeux puissants de l'orgue. Quelle heureuse idée de faire arriver ainsi la lumière du ciel à travers la vie des saints! Ces prophètes, ces apôtres, ces martyrs, ces vierges qui nous apparaissent aux fenêtres, n'ont-ils pas été chargés de transmettre, par leurs enseignements et leurs exemples, la lumière divine que Notre-Seigneur est venu répandre sur la terre? Leurs légendes se développent dans des médaillons où nous les suivons de leur naissance jusqu'à leur mort, dans le chemin de la vraie patrie.

La peinture sur verre est une peinture toute monumentale, et les efforts que nous avons faits pour la renouveler, depuis quelques années, nous ont appris à quelle perfection l'ont portée les artistes du moyen âge. Malgré les progrès de notre industrie, nous n'avons pas encore obtenu cette richesse de tons, cette puissance d'effets que nous admirons dans les verrières des douzième et treizième siècles. C'est que ces qualités ne viennent pas d'une couleur brillante, d'une nuance heureuse, mais du rapport des couleurs et des nuances entre elles; il y a des accords pour l'œil comme pour l'oreille, et nous n'en connaîtrons les règles qu'en étudiant les œuvres des anciens maîtres. Nous trouvions barbares ces teintes plates, ces motifs d'architecture sans ombre, ces figures dont les proportions et les mouvements nous paraissent exagérés. Nous avons voulu mieux faire, en les dessinant plus correctement, en les modelant avec plus de soin, et nous avons pensé avoir réussi, en les voyant au jour de nos ateliers; mais nous nous sommes aperçus de notre erreur, lorsque ces compositions qui nous charmaient ont été placées à la hauteur qui leur était destinée. Nous avons reconnu alors que ce que nous avions pris pour des défauts était le vrai moyen d'obtenir l'effet désiré, et que, si les Grecs avaient fait des vitraux, ils n'auraient pas agi autrement, parce qu'ils avaient l'intelligence de la peinture monumentale. Les artistes de la Renaissance, qui ont eu la prétention d'imiter l'art antique, en ont souvent violé les lois. Dans leur peinture sur verre, par exemple, ils ont fait d'admirables tableaux dont les fonds et les perspectives rompent toutes les lignes de l'architecture et dont les demi-teintes et les ombres ôtent à l'ensemble toute la richesse et l'harmonie des couleurs.

La miniature est à la peinture monumentale ce que la famille est à la vie publique. L'artiste y forme son talent comme le citoyen acquiert, au foyer domestique, les vertus qui le rendront utile à sa patrie. Le monastère fut l'école de la miniature. Les moines, personne n'oserait le nier maintenant, recueillirent les épaves de la civilisation antique, et, avec les chefs-d'œuvre de la littérature grecque et latine, ils nous ont conservé les procédés et les dernières traditions des arts de Rome et d'Athènes. La copie des manuscrits était une de leurs principales occupations, et ils illustraient souvent les textes de dessins et de compositions qui n'étaient pas sans mérite. Les célèbres manuscrits de Virgile et de Térence, du Vatican, sont très-curieux à étudier sous ce rapport. Ils peuvent être même des copies de manuscrits plus anciens. Le Térence, par exemple, nous donne, sur la mise en scène, sur les costumes et les masques des théâtres, des détails archéologiques bien antérieurs au neuvième siècle.

Le talent des moines s'exerçait naturellement de préférence sur les livres sacrés. Les manuscrits étaient la richesse et la gloire des monastères, et les Évangiles qui contenaient la parole du Christ étaient ornés et ciselés comme les vases qui contenaient son corps et son sang. Rien n'était épargné pour les rendre dignes de figurer sur l'autel; la reliure était couverte de bas-reliefs et de pierres précieuses. Quelquefois le vélin était teint en pourpre et le texte écrit en or; les initiales et les miniatures brillaient des plus belles couleurs. Un manuscrit était un présent que les princes faisaient aux églises, ou que les monastères offraient à leurs bienfaiteurs.

Ces manuscrits sont encore nombreux et ont presque tous une date certaine. Aussi sont-ils très-importants pour l'histoire de l'art; on peut y étudier la formation des écoles d'Orient et d'Occident. Les manuscrits grecs ont été très-répandus en Italie et ont eu une grande influence sur la peinture italienne. Mais les manuscrits italiens conservent le style des peintures des catacombes et des mosaïques et préparent l'école du Giotto. Ils ont aussi une parenté avec nos manuscrits français, surtout à l'époque carlovingienne. Charlemagne rapporta de Rome, avec les bénédictions pontificales, les semences fécondes qui firent fleurir sur notre sol les arts et les sciences. Les manuscrits byzantins, cependant, paraissent avoir aussi été étudiés par nos sculpteurs des onzième et douzième siècles qui en imitèrent souvent le style et les longues draperies.

Ce fut surtout dans les manuscrits que se forma l'iconographie chrétienne. En transcrivant les textes sacrés, la main des moines s'exerçait à les traduire en images. Ils en représentaient naïvement les scènes et créaient peu à peu des types nouveaux d'une orthodoxie parfaite ; ils multipliaient les symboles d'après les commentaires des saints Pères, rapprochaient les passages de l'Ancien et du Nouveau Testament, et figuraient près de chaque verset le sens historique, tropologique et anagogique, embrassant ainsi le passé, le présent et l'avenir. Rien n'est plus étonnant, sous ce rapport, que les bibles moralisées du moyen âge. Quelques-unes comprennent plusieurs volumineux in-folio dont chaque page contient plus de vingt miniatures. Des générations d'artistes travaillaient à de pareils ouvrages, et il en est dont l'exécution a duré plus d'un siècle, à en juger par les détails de costumes et d'architecture qui différencient les premières et les dernières miniatures.

Les manuscrits contiennent toute la science symbolique du moyen âge, et il est étonnant qu'ils aient été encore si peu étudiés. L'archéologue y trouverait les explications qu'il demande trop souvent à son imagination ; il lirait le texte à côté des figures que nous ne comprenons plus dans les vitraux et les sculptures de nos cathédrales. La miniature illustra aussi les fabliaux et les romans de chevalerie, mais ses chefs-d'œuvre furent toujours réservés aux livres d'église. Il suffit, pour le prouver, de citer le Psautier de saint Louis, le Bréviaire de Grimani et les Heures d'Anne de Bretagne. Les princes se firent un nom par leurs beaux manuscrits, et, au quinzième siècle, il n'y eut pas de château qui ne possédât quelque missel, quelques offices de la Vierge, portant les armoiries des ancêtres et servant à inscrire, sur quelques pages réservées, les événements heureux ou malheureux de la famille. C'est en feuilletant ces livres, en regardant leurs images et leurs riches ornements, que les enfants apprenaient la religion sur les genoux de leurs mères.

Le peuple avait sa part dans cette jouissance artistique. Des manuscrits à son usage étaient quelquefois enchaînés dans les églises, et les enlumineurs lui faisaient des *tableaux benoîts* qui se vendaient aux portes des sanctuaires célèbres et que les pèlerins emportaient comme souvenirs des grâces qu'ils avaient obtenues. Mais l'art chrétien, qui a pour mission spéciale d'évangéliser les pauvres, y fut surtout fidèle par l'invention de la gravure, qui mit, à la portée de tous, les dessins des manuscrits.

L'Italie et l'Allemagne se disputent l'invention de la gravure; il ne peut être question que de la multiplication des images par l'impression, car le travail du graveur a été pratiqué chez tous les peuples. On gravait en relief et en creux chez les Romains et chez les Grecs, comme chez les Orientaux et les Égyptiens, et l'on se servait même de matrices pour tirer des empreintes, estampiller les poteries et colorer les étoffes. Le burin traçait, sur le cuivre et l'acier des miroirs, des dessins et des figures qui auraient pu recevoir l'encre d'impression et se reproduire fidèlement sur le papier ou le parchemin. Il sera difficile peut-être de décider qui l'a fait le premier, mais ce que personne ne contestera, c'est que la gravure, telle que nous l'avons maintenant, est une inspiration chrétienne; elle a été employée avant tout à la reproduction des saintes images.

Des recherches récentes ont reculé la date des premières gravures. Le *Saint-Christophe* de 1423 a été dépossédé de sa priorité par l'estampe de 1418 de la bibliothèque de Bruxelles, et M. Henri de Laborde a très-savamment démontré qu'il faut faire remonter le procédé de l'impression jusqu'à l'année 1406. Nous apportons aux débats un document nouveau, et un titre authentique de 1411 nous permettra d'établir que les premières gravures furent imprimées à Venise, dans les dernières années du quatorzième siècle.

En 1411, les Frères Prêcheurs de Venise furent accusés devant l'évêque et légat du Saint-Siége d'avoir rendu à sainte Catherine de Sienne, avant sa canonisation, un culte public, contraire aux lois de l'Église. Un procès régulier fut instruit, et les disciples de la Sainte prouvèrent par leurs témoignages que les honneurs dont sainte Catherine était l'objet, le jour anniversaire de sa mort, attestaient les vertus et les miracles de sa vie, mais n'avaient rien d'opposé à la législation de l'Église. Le procès fut jugé en leur faveur et servit de base à la canonisation de sainte Catherine, décrétée par son compatriote, Pie II, en 1461. Les pièces de ce procès ont été publiées par dom Martène (tome VI, p. 1238), et c'est dans une des dépositions que nous trouvons le document si important sur l'origine de la gravure.

Frère Thomas Caffarini, de Sienne, qui avait connu la Sainte dès son enfance, avait été un des plus zélés à honorer sa mémoire. Il la fit peindre souvent avec des rayons lumineux dont on entoure la tête des bienheureux, et son portrait s'était répandu dans tout le monde chrétien : en Pologne, en Hongrie, en Dalmatie, en Toscane, en Lombardie, à Venise et à Rome surtout. « Ce qu'il faut remarquer à ce sujet, dit-il, c'est qu'à l'époque où l'on commença à honorer à Venise la mémoire de Catherine, une personne qui avait pour elle une dévotion particulière fit représenter son image sur des cartes, afin de la répandre plus facilement, le jour de sa fête. Beaucoup de ces images étaient placées dans les églises, où on les entourait de fleurs. Tous pouvaient ainsi en jouir et rendre hommage à la Sainte, non-seulement en public, mais encore dans leurs maisons. Je suis certain que, depuis qu'on fait ces images de la bienheureuse, on en a fait et on en fait des milliers, tous les jours. Il y en a maintenant une immense quantité à Venise et dans toutes les parties du monde. *Et qui plus est, ce sont ces images de Catherine qui ont donné l'idée de faire sur des cartes semblables les images des autres saints* pour les églises de Venise. Les fidèles peuvent se les procurer, le jour de leur fête, et augmenter ainsi leur dévotion, en les honorant. » (Dom Martène, p. 1292.)

Ainsi voici un témoin de 1411, très-étranger aux querelles internationales sur l'invention de la gravure, déclarant qu'elle servit pour la première fois, à Venise, à multiplier l'image de sainte Catherine, et, de plus, que cette image donna l'idée de faire sur des cartes semblables les images des autres saints; ces premières gravures, dont on fabrique des milliers par jour, peuvent être de 1394 ou de 1395, puisqu'elles furent faites dès qu'on célébra la fête de sainte Catherine à Venise, et elle s'y célébrait depuis seize ans lorsque frère Thomas écrivit sa déposition en 1411. Ce portrait de sainte Catherine devait être ressemblant; l'école de Sienne était alors à son apogée, et les disciples de sainte Catherine, qui l'avaient connue, n'en auraient pas accepté une représentation informe; peut-être quelques-unes de ces images ont été épargnées par le temps et se retrouveront dans quelques collections d'estampes ou dans quelques manuscrits anciens de la vie ou des œuvres de sainte Catherine, et, quoiqu'elles ne portent pas de dates, elles devront être reconnues comme les plus anciennes gravures.

Outre ce titre très-authentique, Venise peut faire valoir sa fabrication de cartes à jouer dont elle eut longtemps le monopole. Le sénat défendit, par une ordonnance, la vente des cartes à jouer, des tableaux et figures imprimés à l'étranger. *Carte da zugar, figure depinte, stampide fuor di*

Venezia. La concurrence la plus redoutable devait lui venir d'Allemagne et des Flandres, où l'art de la gravure prit de rapides et remarquables développements. Les monastères y contribuèrent beaucoup par leurs artistes et par leur direction. Passavant cite particulièrement les religieux bénédictins et signale, parmi les premières gravures, un Saint Benoît agenouillé devant un crucifix et une Vierge de l'abbaye d'Ensiedlen, un de leurs plus célèbres sanctuaires. Le même auteur remarque que les sujets profanes ne vinrent qu'après les sujets religieux et qu'ils sont très-rares.

Lorsque la gravure sur bois se fut exercée à faire des images pour la dévotion populaire, elle entreprit des livres gravés qui étaient souvent la reproduction des anciens manuscrits et qui furent l'origine véritable de l'imprimerie, puisque cette invention, si mémorable dans l'histoire, consista uniquement à remplacer par des caractères mobiles les lettres fixes des planches xylographiques. L'étude des premiers livres gravés prouve qu'ils étaient destinés à enseigner la religion par les images. Ils mettaient l'art et la science des manuscrits à la portée du peuple et ils initiaient les enfants mêmes au symbolisme chrétien. Ces catéchismes, ces A B C D que tous lisaient si facilement, ont maintenant des secrets pour les archéologues les plus habiles qui sont obligés de déchiffrer les textes pour comprendre ces figures et leurs rapports.

Le plus célèbre et le plus connu de ces livres est la Bible des pauvres, *Biblia pauperum* ou *Historia Veteris et Novi Testamenti* dont plusieurs compositions se retrouvent dans un manuscrit du quatorzième siècle et dans les bas-reliefs d'un cloître de Brême. Il existe plusieurs éditions de cet ouvrage. Celles qui ont été imprimées en Allemagne sont inférieures comme gravure à celle qui a été imprimée sans texte en Flandre et qui serait par conséquent la plus ancienne. On peut conclure de ce fait que la gravure sur bois a été cultivée dans les Pays-Bas, avant de l'être en Allemagne. Et cela ne doit pas surprendre; la cour des ducs de Bourgogne y donna une grande impulsion aux arts, et la célèbre école de Bruges se reconnaît dans toutes ces compositions. Elles étaient inspirées par une science théologique profonde. Tous les faits de la vie de Notre-Seigneur sont rapprochés des faits de l'Ancien Testament qui en sont les figures. Chaque sujet est encadré de deux autres sujets et de quatre prophètes qui les expliquent par des textes. L'Annonciation par exemple est accompagnée de la Tentation d'Ève et de la toison de Gédéon, et Isaïe, David, Jérémie, Ézéchiel, présentent des passages qui font comprendre les rapports de la réalité et de ses symboles. La publication de cet ouvrage à notre époque serait aussi utile aux ecclésiastiques qu'aux artistes.

Le Miroir de la Rédemption, *Speculum humanæ Salvationis,* ressemble beaucoup à la Bible des pauvres. Les gravures, plus simples et plus finement exécutées, servent d'illustration à un petit poëme rimé qui compare aussi l'Ancien et le Nouveau Testament. La première représente le mariage de la sainte Vierge et de saint Joseph. Le Grand Prêtre, en costume d'évêque, unit les époux, tandis que Tobie, accompagné de l'ange Raphael, reçoit Sara des mains de Raguel portant la robe et l'aumônière du quinzième siècle. Il existe un grand nombre de livres semblables à cette époque. *L'Art de bien mourir,* le *Salve Regina,* le *Pater noster,* le *Symbole des Apôtres,* la légende *de saint Meinrad, la Passion de Notre-Seigneur.* Mais celui qui nous a le plus charmé est : l'Histoire de la Vierge, tirée du Cantique des cantiques; *Historia Virginis ex cantico canticorum.* M. Renouvier la cite comme la plus remarquable des publications de ce genre et l'attribue à un élève de Roger de Bruxelles.

Il est évident pour nous que ce poëme a été composé dans la paix du cloître et qu'il est l'expression de la piété la plus tendre et de la science la plus élevée. Cette histoire de la Vierge n'est pas celle de sa vie terrestre, mais celle de sa vie spirituelle, de ses rapports intimes avec Dieu. Marie est l'Épouse des cantiques par excellence, et par conséquent le type le plus parfait de l'Église et de l'âme fidèle. Par sa maternité divine, elle est l'unité de cette Trilogie qu'inspira l'Esprit saint à Salomon. L'art ne pouvait traduire d'une manière plus chaste ce chant, cet épithalame de l'amour divin, cette union de la créature au Créateur, depuis le premier baiser qu'elle reçoit de sa bouche jusqu'à cette couronne de gloire qui complète son bonheur. La première gravure nous semble le prélude de cette musique céleste. Notre-Seigneur Jésus-Christ appelle l'âme à une vie supérieure ; sa fiancée sort de la cité du monde, et, dans les premières joies de sa tendresse, elle s'écrie : « Oui, qu'il me donne un baiser de sa bouche! Votre sein, mon Bien-aimé, est plus enivrant que le vin le plus délicieux. » Et l'Époux lui répond : « J'ai visité mon jardin, ma sœur, mon Épouse. J'ai recueilli ma myrrhe avec mes parfums. » Et il l'entraîne dans l'enceinte de la vie religieuse qui lui est ouverte. Des moines y font la moisson, coupent les épis, les mettent en gerbe et les battent. D'autres sont occupés à piler des herbes odoriférantes, pour en retirer le suc et les parfums, on voit les vases qui les renferment dans un petit édifice qui représente l'Église.

Dans les autres gravures se déroulent toutes les phases de la vie mystique de l'âme; toutes les épreuves, les fuites, les recherches, les langueurs et les jouissances de l'amour, toutes les beautés de la pastorale divine, le lis de la vallée, les regards de la colombe, le jardin fermé, gardé par les anges, les entretiens à l'ombre de la vigne en fleur, le repos sur les genoux de l'Époux dont la main gauche soutient la tête de l'Épouse, tandis que sa main droite l'embrasse; puis les élévations de l'extase, les enivrements du calice, les fruits de la charité, le festin eucharistique, les hauteurs du Calvaire, les combats contre les ennemis de la cité que mille boucliers défendent; le lit fleuri de l'Épouse où le Christ dort tandis que son cœur veille; enfin le triomphe de l'amour qui est fort comme la mort et la couronne de gloire qui récompense pendant toute l'éternité.

L'explication de ces gravures demanderait un volume qui résumerait les beaux commentaires de saint Bernard et de saint Thomas d'Aquin sur le Cantique des cantiques; tout y est représenté, traduit avec une incroyable pureté. Dans les trois éditions de ce poëme, les compositions n'ont pas toujours le même ordre. Le saint artiste qui les a faites n'a pas suivi, lui-même, le texte de Salomon. Les âmes que Notre-Seigneur appelle prennent des routes différentes pour arriver au même but, et il n'est pas étonnant qu'elles interprètent le chant sacré d'après leur propre histoire.

Cette illustration du Cantique des cantiques fait plus comprendre la peinture mystique que tout ce qu'on a pu dire d'ingénieux sur l'école Ombrienne. La gravure était malheureusement dans son enfance. Le crayon de l'artiste est timide et son dessin est souvent altéré par l'outil qui en a découpé les traits; mais, si les compositions étaient dégagées des banderoles et des inscriptions qui les encombrent, si elles étaient exécutées par le pinceau virginal qui a décoré la châsse de sainte Ursule, elles seraient le chef-d'œuvre de l'art chrétien. La peinture serait aussi l'Épouse du Christ; car elle vivrait vraiment de sa vie.

Comme exécution, la gravure sur bois fit de rapides et d'étonnants progrès à l'école d'Albert Durer et d'Holbein; on admire dans les gravures de ces maîtres une souplesse de trait, une simplicité d'ombres, une netteté de tailles surprenantes; mais, si les traditions anciennes se reconnaissent encore dans quelques-unes de leurs compositions, on n'y retrouve plus cette piété sincère et cette suavité de sentiments qui distinguent celles de Van Eyck et des artistes de Bruges.

L'Italie cultiva peu la gravure sur bois et ne l'employa que comme ornement de ses premiers livres imprimés. La France l'imita et la surpassa même en cela. Les écoles typographiques de Paris et de Lyon rivalisèrent de frontispices, d'initiales et d'encadrements. Simon Vostre surtout fit revivre, dans ses livres d'Heures, tout le luxe d'ornements et d'images des anciens manuscrits.

La gravure au burin était pratiquée par les orfévres et les armuriers, bien longtemps avant que l'art s'en servît pour multiplier les images par l'impression. Ce fut aussi une pensée chrétienne qui la consacra à cet usage; tout le monde connaît l'histoire de la Paix d'argent niellée, commandée à Mazo Finiguerra par la corporation des marchands, pour le baptistère de Florence, et l'épreuve qui en fut tirée en 1452. Cette anecdote de Vasari ressemble à celles que les Grecs inventaient pour établir leur priorité dans les arts; elle est contestée par une autorité très-compétente en pareille matière. Passavant attribue l'impression des gravures au burin à un élève de Roger de Bruges, qui l'aurait communiquée lui-même à l'orfévre de Florence en 1450. Du reste, si les Italiens sont les inventeurs de la gravure, ils doivent du moins reconnaître que les Allemands furent leurs maîtres dans cette branche de l'art qu'ils portèrent à sa perfection.

Martin Schongauer peut avoir eu des prédécesseurs, le *Maître de 1460* par exemple et le *Maître aux banderoles;* mais c'est lui qui donna au burin sa puissance et en fit un instrument docile pour rendre la pensée sur le cuivre, comme il le faisait dans ses tableaux. Son œuvre considérable nous révèle un grand artiste, et Raphaël lui-même admira quelques-unes de ses compositions. Malgré la sécheresse de son style, il sait exprimer les plus nobles et les plus doux sentiments. Une foi sincère anime toutes ses figures, et son dessin s'élève quelquefois à une distinction qui n'est ni de son temps, ni de son école.

Lucas de Leyde, dès l'âge de quinze ans, fait faire à la gravure de merveilleux progrès. Son burin rivalise avec le pinceau des peintres de Bruges par le charme de ses compositions, la pureté du dessin, la transparence des ombres, la vérité des détails et la profondeur des paysages. Ses Vierges et ses Saintes, avec leurs longues chevelures et leurs draperies abondantes, sont de pieuses mères, de chastes filles, qui ont les vertus de la terre, en attendant la beauté du ciel. Sa vie fut courte et heureuse; il travailla beaucoup, et son talent choisit de préférence les sujets de l'Ancien et du Nouveau Testament; mais il ne dédaigna pas les scènes de la campagne et les rires du foyer domestique.

Albert Durer, qui vint le visiter et l'admirer, ne l'égala pas comme artiste chrétien. Ses compositions, pleines de verve, présentent souvent des types vulgaires et d'un naturalisme exagéré, malgré les prétentions classiques qu'il rapporta de l'Italie; mais nul ne lui est comparable comme graveur. Il poussa la science du burin à sa perfection et en obtint des effets prodigieux. La sûreté de son dessin, la souplesse de ses traits, la finesse, la variété de ses travaux, la velouté, la transparence de ses ombres, le modelé de ses figures, en font le maître qu'il faudra toujours étudier.

Marc-Antoine se forma en copiant ses gravures; il n'atteignit pas les qualités brillantes de son modèle et cette habileté de main qui se joue de toutes les difficultés, mais il racheta cette infériorité par la noblesse de son burin. Son trait, quelquefois péniblement cherché, finit toujours par être d'une justesse admirable. Sa taille, souvent naïve et lourde, poursuit la forme avec intelligence, et les ombres sont établies d'une manière simple et large; il cherche, avant tout, l'exactitude du dessin et la fidélité de l'expression. Il ne rend pas ses pensées; il ne compose pas avec son burin comme l'avaient fait les graveurs allemands et italiens, ses prédécesseurs; mais il copie fidèlement les dessins que Raphaël prépara pour lui, et il les traduit de manière à fixer les véritables lois de la gravure historique. Après avoir ainsi reproduit les Vierges et les belles compositions de son maître, il se laissa, comme tant d'autres, entraîner aux débauches de la Renaissance; il représenta les amours des dieux d'une manière qui eût révolté les païens mêmes; il fut condamné à mort, mais gracié, pour avoir employé son talent à corrompre les mœurs et à empoisonner les âmes.

L'école de Rubens fit une révolution dans la gravure. La gravure était jusqu'alors un art indépendant, qui multipliait ses dessins par l'impression. Sous l'influence du maître, elle perdit son originalité, sa liberté, pour s'appliquer à copier des tableaux. Le burin dut traduire le pinceau, et imiter la couleur même, par la variété des tailles et leur disposition. La lumière fut concentrée sur un point et toutes les parties subirent les teintes graduées du clair-obscur. Le graveur ne fut plus à la recherche de l'idée et de l'expression. Son but principal fut de rendre l'effet du tableau ; il se mit au service du peintre, et, s'il devint plus riche de moyens pour vaincre les difficultés, ce fut au détriment de son esprit et de son caractère. Les Français surtout poussèrent à l'extrême la science du burin. Les chefs-d'œuvre de Mellan, de Nanteuil, d'Edelinck, de Drevet, fournirent à la gravure une palette capable de rendre tous les jeux de la lumière et toutes les nuances de la couleur. L'art se formula, d'après leurs travaux, une grammaire qui règle les tailles, les entailles, les losanges, les carrés, les points, les renflements et les empatements les plus propres à exprimer les différents corps, la mollesse ou la vigueur des chairs, les reflets des métaux, la variété des étoffes, les détails du paysage et les perspectives de l'architecture. La gravure devint un ensemble de procédés, une industrie aux gages de la peinture, pour en reproduire tous les effets.

La religion conserva cependant, à la gravure, son originalité, sa dignité première; elle l'employa encore à évangéliser les pauvres et à exprimer directement des pensées pieuses. L'école d'Anvers, qui avait succédé à l'école de Bruges, produisit, même après l'invasion de la Renaissance, des œuvres remarquables comme enseignement et sentiment chrétien. Outre les images de sainteté, elle publia de nombreux ouvrages illustrés, d'après les compositions de Martin de Vos et d'Otto Vénius.

Les Galles, les Sadeler, les Viérix, enrichirent de leurs fines gravures les livres de dévotion mystique, qu'écrivirent à cette époque les Jésuites et les autres religieux flamands. Leurs emblèmes de l'amour divin, leurs pastorales spirituelles, leurs allégories bourgeoises, qui eurent une grande vogue, sont très-inférieurs sans doute au symbolisme traditionnel et aux belles compositions qu'on admire dans la Bible des pauvres ou dans l'Histoire de la vierge, d'après le Cantique des cantiques ; mais on y trouve cependant des idées ingénieuses, des figures naïves et des détails de mœurs rendus avec beaucoup de talent. Si nous rapprochions ces gravures des niaiseries pieuses et de l'imagerie à dentelles dont s'enrichit notre commerce, la comparaison ne serait certainement pas à notre avantage.

VIII. PROGRÈS ET GRANDEUR DE L'ART CHRÉTIEN.

Charlemagne. — Saint Louis. — Nicolas V.

Les progrès de l'art diffèrent des progrès de la science. La science a un progrès naturel et régulier; c'est un arbre qui grandit sans cesse, un terrain qui s'accroît par une alluvion continuelle. L'expérience et le raisonnement la cultivent, et les générations augmentent la somme des connaissances qu'elles ont reçues. Le présent n'a pas le droit de mépriser le passé dont il sort. Un ingénieur de nos jours en sait plus peut être qu'Euclide et Archimède, sans leur être cependant comparable. Il n'en est pas de même de l'art; ses progrès sont intermittents. Il a des grandeurs et des décadences; les belles époques sont rares et de courte durée. Il faut bien l'avouer, les anciens sont toujours nos maîtres. Nous possédons leurs chefs-d'œuvre, et, loin de les surpasser, nous sommes même incapables de les imiter.

Cette différence vient de ce que l'art vit dans une autre sphère que la science. Il ne se contente pas de la simple connaissance du vrai; il se passionne pour le beau, et l'amour qu'il en a doit l'élever vers le Bien suprême, vers l'Infini; mais le charme que les sens trouvent dans le beau captive souvent l'artiste, et l'arrête aux choses de la terre. Les passions qui naissent dans son cœur troublent son intelligence et sa volonté. Il ne cherche plus la perfection de l'idéal, et ses rapports avec l'Infini sont rompus; de là les défaillances de l'art dans l'individu et dans la société.

Si on étudie les grandeurs et les décadences de l'art dans l'histoire, on verra qu'il parcourt ordinairement trois périodes : la période hiératique, la période savante, la période naturaliste; et ces périodes s'expliquent par ses rapports avec le vrai, le beau et le bien.

La période hiératique est le commencement de l'art chez un peuple; c'est la doctrine religieuse qui lui donne son caractère, qui fixe ses types et ses symboles. L'art hiératique est surtout la représentation du vrai; il offre à tous des images faciles à comprendre pour enseigner et conduire au bien, et en cela il est le principe du beau, puisqu'il lui montre l'idéal qu'il doit traduire. Son style est simple et clair comme la pensée; ses lignes sont une sorte d'écriture, qui a la précision et la fixité des vérités qu'elles veulent exprimer.

La période savante est le progrès de l'art par la beauté de la forme. Sa perfection est l'équation entre le vrai et le beau, et l'art y arrive par l'étude de la nature et par l'application des lois esthétiques. Il demande à toutes les sciences et à toute la création les moyens de manifester ce qui est vrai, ce qui est bon, et d'élever ainsi l'âme jusqu'à l'idéal divin. Lorsqu'il y parvient, il exerce sur la société une heureuse influence et la couronne de toutes les gloires de la civilisation.

Mais l'art ne se maintient pas longtemps à ces hauteurs et descend bientôt à la période naturaliste. Il y a, dans la jouissance du beau, de redoutables séductions; l'âme oublie facilement le vrai, qui en est le principe, et les sens la sollicitent à perpétuer et à multiplier leurs plaisirs. L'art se détourne de l'infini pour écouter les princes qui lui promettent la gloire et la richesse, et c'est du caprice de leurs passions qu'il reçoit le programme de ses œuvres. L'idéal s'abaisse vers les choses sensuelles, et le beau disparaît dans des réalités grossières, comme le corps se déforme dans les excès du vice.

Le développement et la durée de ces trois périodes s'expliquent par les éléments religieux et sociaux que l'art rencontre et par ses rapports avec l'autorité et la liberté. La période hiératique dépend nécessairement de l'élément religieux. La religion y règne en souveraine par l'autorité de son dogme et la forme de son culte; mais, si elle n'accorde à l'art aucune liberté, elle l'immobilise dans des types invariables que le beau ne cherchera pas à perfectionner. C'est le défaut des religions orientales dont le despotisme enchaîne l'art à des formes séculaires. L'art hiératique de l'Égypte, par exemple, progresse à peine sous les plus grandes dynasties, et on y remarque difficilement l'influence des Ptolémées et des Antonins.

La période savante dépend surtout de l'élément social; elle respecte l'autorité du dogme religieux, mais elle reçoit ses heureux développements de la civilisation qui lui donne la liberté et l'honore de ses applaudissements. Tout ce qui constitue la société a une action sur l'art et lui en imprime le caractère et la variété. La race, le climat, le gouvernement monarchique ou démocratique, le commerce, la richesse, la paix ou la guerre, se reflètent dans les œuvres de l'art d'un peuple et en expliquent les grandeurs et les décadences. La période naturaliste vient des mœurs qui s'égarent dans l'amour des plaisirs et ne demandent à l'art que l'ivresse des sens et les jouissances de l'orgueil.

Il est évident que l'art chrétien se trouve dans les conditions les plus favorables pour arriver à la perfection. Son élément religieux lui donne la vérité dans toute sa plénitude, et l'autorité du dogme ne gêne en rien sa liberté. L'Église travaille sans cesse à améliorer l'élément social qui lui est nécessaire pour se développer. La forme essentiellement monarchique de son gouvernement possède cependant tous les avantages que peuvent présenter les institutions aristocratiques ou démocratiques, et elle excite, par son culte et par ses fêtes, les princes comme les peuples, à élever de magnifiques monuments. La sainteté de sa morale maintient la pureté des mœurs et préserve ainsi l'art des séductions du naturalisme. Elle lui donne le Christ pour idéal; elle le porte à une perfection sans limites.

Le progrès de l'art chrétien ne peut donc être arrêté que par des obstacles qui viennent des hommes, et ces obstacles sont les mêmes que ceux qui entravent la marche de l'Église dans le monde. L'histoire de l'Église explique l'histoire de l'art chrétien, et celui qui ne se servira pas de ce fil conducteur se perdra dans le dédale archéologique, dans les variétés et les révolutions de l'art en Europe. Il ne comprendra ni la lenteur de ses progrès, ni les causes de ses grandeurs ou de ses décadences.

L'histoire de l'art doit être étudiée dans son ensemble, dans l'unité de ses moyens et de son action. L'architecture, la sculpture et la peinture ne doivent pas être séparées, puisqu'elles ont la même sève, la même vie, et qu'elles sont souvent pratiquées par les mêmes artistes aux grandes époques. Leurs développements cependant ne sont pas toujours égaux; il y a un certain ordre hiérarchique dans leurs progrès. L'architecture tend la première à la perfection, parce qu'elle est le tronc qui porte les autres arts. La sculpture précède aussi la peinture, parce qu'elle est forcée plus qu'elle à étudier et à idéaliser la forme.

Il y a une vérité capitale à reconnaître dans l'histoire de l'art chrétien; c'est que Rome en est le centre et la source, comme elle est le centre et la source de l'orthodoxie. Rome a envoyé ses artistes et ses missionnaires à toutes les contrées de l'Europe; les chefs-d'œuvre et les saints qu'ils y ont produits doivent compter parmi les gloires de l'Église-mère. Et qu'on n'oppose pas Constantinople à Rome : une étude plus complète de l'art byzantin démontrera qu'il n'a pas eu l'influence qu'on lui attribue en

Occident, et surtout qu'il n'a pas été le maître des écoles latines. On ne peut nier d'abord son origine romaine.

Lorsque l'empereur Constantin abandonna providentiellement au successeur de Pierre la Ville éternelle, il ne trouva pas sur les rives du Bosphore les artistes qui devaient construire et embellir sa capitale ; il les amena d'Italie, et ce furent les mêmes architectes qui bâtirent les basiliques de Latran, de Saint-Paul, de Saint-Laurent, et celles de Sainte-Sophie, de Sainte-Irène et des douze Apôtres. La puissance et les richesses des empereurs d'Orient multiplièrent les monuments et donnèrent à l'art une grande activité, mais sans le perfectionner ; leur luxe inouï et barbare causa au contraire une prompte décadence. Les Grecs de Byzance firent des œuvres riches au lieu de les faire belles, comme on le reprochait à un de leurs ancêtres.

Leur architecture ne rappelle en rien les chefs-d'œuvre d'Athènes. Leur sculpture est rare et sans valeur. Leur peinture seule est remarquable par ses formes hiératiques et ses lignes sévères ; mais, dans leurs mosaïques et leurs tableaux, on retrouve encore les défauts qui rappellent la faconde de leurs rhéteurs et l'exubérance de leur liturgie. Leurs manuscrits sont précieux à étudier pour l'iconographie chrétienne, mais la pourpre de leur vélin, l'or de leurs lettres et la magnificence de leurs reliures ne constituent pas l'art, et montrent seulement la richesse.

La grande gloire de l'art byzantin est d'avoir eu des martyrs. La fureur des iconoclastes a rendu sacrées ces images devant lesquelles les chrétiens versèrent leur sang, en témoignage de leur foi, et, quand les mains mutilées des artistes les portèrent en Italie pour fuir la persécution, elles durent être placées comme des reliques sur les autels et y être l'objet d'une vénération profonde. C'est de cette époque sans doute que datent un grand nombre des peintures grecques qu'on attribue à saint Luc l'Évangéliste-médecin et qui provenaient peut-être d'un saint Luc peintre, martyr des iconoclastes.

L'art byzantin exerça une certaine influence sur l'art en Europe. Nous en trouvons des traces dans notre ornementation et dans nos sculptures romanes, mais cette influence ne fut jamais prépondérante, et il serait surtout contraire à la vérité d'y voir l'origine de la peinture en Italie. Les maîtres grecs de Cimabué ne prouvent pas cette thèse ; ils ont travaillé avec lui à Assise, et leur style montre qu'ils étaient bien inférieurs aux artistes de vieille école italienne qui leur donnaient l'hospitalité.

Pendant que l'art byzantin s'affaiblissait dans le luxe barbare du bas empire, il y avait à Rome un art qui se développait lentement au milieu des fléaux et des guerres qui ravageaient l'Italie, et cet art conservait plus que tout autre les traditions antiques. L'Église l'avait patronné au sortir des Catacombes, elle lui avait confié la construction et l'embellissement de ses basiliques; mais elle veillait surtout sur son éducation et le préparait à ses hautes destinées; elle lui apprenait sa doctrine, sa liturgie, et l'exerçait à civiliser les Lombards. Quand il fut prêt, Charlemagne vint le chercher aux tombeaux des Apôtres pour le faire régner avec lui sur toute l'Europe.

La renaissance véritable de l'art, dans les temps modernes, date du couronnement de Charlemagne. L'histoire et les monuments nous le montrent, recevant des souverains Pontifes les maîtres des sciences et des arts qu'il voulait répandre dans ses États, et c'est dans son palais même qu'il en établit l'école. Lui-même se fit leur élève et devint un grand liturgiste, et par conséquent un grand artiste; il composa le *Veni Creator spiritus* pour consacrer cette ère nouvelle, où l'art chrétien devait acquérir tous ses développements. Qu'on étudie l'époque carlovingienne, et l'on verra qu'elle doit tout à Rome : sa liturgie, son art musical, son architecture, ses peintures, ses manuscrits, et jusqu'à ses monnaies.

Le grand empereur reçut de Constantinople des ouvriers et des présents, mais il ne copia pas Sainte-Sophie dans les basiliques qu'il fit élever sur les bords du Rhin. Son église d'Aix-la-Chapelle est inspirée par les monuments de Rome, et c'est la même influence qui fit grandir cette belle architecture romane, que ne doivent pas faire oublier les merveilles de notre architecture ogivale. Il nous semble que Cologne peut être plus fière de Sainte-Marie *in Capitolio* que de son dôme même. La châsse des Rois-Mages est peut-être le chef-d'œuvre le plus parfait que l'orfévrerie chrétienne ait produit comme architecture, statuaire et ornementation.

L'Allemagne pouvait conserver le sceptre de l'art chrétien que lui avait donné Charlemagne, mais elle le perdit dans ses luttes contre la Papauté, et ce fut la France qui s'en empara. Pendant les rudes années de l'invasion normande, les monastères avaient sauvé les éléments de la civilisation, et préparé, par la liturgie et l'étude des sciences, la renaissance de l'art. Les rois de la troisième race reprirent l'œuvre de Charlemagne; Robert le Pieux se passionna comme lui pour les offices de l'Église, et on le vit, dans un pèlerinage qu'il fit à Rome en 1020, offrir pour présent royal, à la messe du souverain Pontife, un Répons, composé et noté par lui en l'honneur de saint Pierre; ce Répons fut adopté et chanté par toute l'Église (Dom Guéranger, Inst. lit., t. I, p. 300). Les Évêques aidaient partout ce mouvement; Fulbert de Chartres et Maurice de Sully, de Paris, bâtissaient leurs cathédrales, en composant d'admirables mélodies. Les miracles de la musique antique se renouvelaient; les murs s'élevaient aux accords du chant grégorien; et tout un monde de statues naissait sous le ciseau des sculpteurs.

La France allait avoir son grand siècle. Dieu prenait dans un de ses monastères l'homme de génie qui devait affranchir son Église. Hildebrand, après avoir lutté, avec les Papes qu'il avait choisis, contre les usurpations impériales, monta lui-même sur le siége pontifical et combattit vaillamment pour la justice. Saint Grégoire VII mourut dans l'exil; mais de son tombeau l'Église sortit libre et triomphante; elle devint reine de la civilisation, et le premier usage qu'elle fit de sa puissance fut d'unir les peuples chrétiens et de les opposer aux flots envahisseurs de l'Islamisme. A la voix d'Urbain II, Pape français, et de saint Bernard, les princes s'armèrent pour délivrer la Terre sainte. Leurs étendards victorieux flottèrent sur les remparts de Jérusalem, mais bientôt leurs ambitions rivales et la perfidie des Grecs firent échouer cette grande entreprise.

Quelle qu'ait été l'issue des Croisades, il faut reconnaître qu'elles eurent pour l'Europe, et pour la France surtout, d'admirables résultats. Non-seulement elles arrêtèrent le fanatisme musulman et firent redouter en Orient le nom chrétien, mais encore elles apaisèrent les luttes sanglantes de la féodalité, constituèrent la chrétienté sous l'autorité de l'Église, et développèrent par la chevalerie les sentiments généreux qui font les grandes nations : le culte du droit, la défense du faible et le respect passionné de la femme. Elles donnèrent au commerce et à la navigation une impulsion extraordinaire, livrèrent à la science les manuscrits conservés par les Grecs et traduits par les Arabes, et imprimèrent enfin à tous les arts une incroyable activité.

La chrétienté parut reprendre une vie nouvelle et s'élancer vers l'avenir par toutes les voies du progrès; Dieu, pour la conduire, lui prodigua les grands hommes et les grands saints. Innocent III couronna l'œuvre de Grégoire VII, et son autorité, reconnue par tous les princes, protégea contre les plus puissants les lois de la morale et la liberté des peuples. Saint Dominique et saint François, ces apôtres de la vérité, enfantèrent des légions pour combattre le vice et l'erreur. Saint Thomas d'Aquin et saint Bonaventure réunirent dans d'admirables synthèses toutes les connaissances humaines et divines. Saint Louis, enfin, fit rayonner de son trône toutes les vertus et toutes les gloires; nul ne le surpassa en sagesse, en justice, en loyauté, en courage. Il fut à la fois le plus doux et le plus fier chrétien de son siècle, et on ne sait s'il faut l'admirer davantage au pont de Taillebourg ou au pied du chêne de Vincennes, au milieu des magnificences de sa cour ou dans ses malheurs et dans sa mort sur les rivages de l'Afrique.

Ce prince, qui portait pieds nus la couronne d'épines, qui servait les pauvres et ensevelissait les pestiférés, brillait autant dans les conseils qu'à la tête des armées. Les rois et les peuples le prenaient pour arbitre, et il plaça la France au premier rang des nations. Jamais elle n'exerça une plus noble, une plus grande influence que sous son règne. L'art chrétien surtout lui dut ses plus beaux développements. L'architecture toucha vraiment à la perfection par l'élégance, la pureté de ses formes, et aussi par la science prodigieuse de ses constructions; elle surpassa les anciens sous ce rapport. Nous avons dit le mérite et la fécondité de la sculpture à cette époque, et nous appelons de tous nos vœux une étude générale et comparée de la statuaire de nos cathédrales, que la photographie rend maintenant facile; elle nous assurera une supériorité et une antériorité évidente sur les peuples rivaux qui, du reste, copiaient nos monuments et nous empruntaient nos artistes.

Cette royauté artistique de la France déclina sous les successeurs de saint Louis. Le quatorzième siècle dissipa en caprices et en ornements les richesses acquises. La décadence s'accentua surtout, lorsque la fille aînée de l'Église manqua à ses devoirs envers la Papauté, et voulut la retenir captive à son profit sur les bords du Rhône. L'Italie alors conquit la première place et donna à l'art chrétien, par la peinture, sa plus brillante couronne.

Comment parler en quelques lignes de la peinture italienne, lorsqu'il faudrait écrire bien des volumes pour la faire connaître? Nous avons heureusement à recommander le bel ouvrage de M. Rio, tout en regrettant qu'il n'ait pas traité son sujet avec plus d'unité. Au lieu de séparer les écoles et de nous en donner les monographies brillantes, il pouvait, avec sa science historique et son talent si remarquable, les rattacher toutes aux événements contemporains et nous montrer, dans leurs rivalités mêmes, leur influence réciproque et leur fraternité. Les écoles ne se différencient qu'à la Renaissance, lorsque les artistes se mettent à la suite d'un maître, pour imiter sa manière, son dessin ou sa couleur; mais, au moyen âge, l'art a l'unité de l'Église qui l'inspire; il n'a qu'un but, ce but si simplement proclamé par Buffalmaco : « Nous ne voulons pas autre chose que peindre des Saints et des Saintes dans nos fresques et nos tableaux, pour combattre les démons et rendre les hommes meilleurs. » Et tous unissaient leurs efforts et leurs moyens pour atteindre ce but.

L'architecture a bien un caractère particulier dans chaque ville, parce qu'elle porte l'empreinte du peuple, qui bâtit toujours sur son type et sa mesure; les matériaux d'ailleurs et les horizons sont souvent différents. Mais, pour la peinture, les variations sont alors bien moins sensibles; elle suit pour ses compositions et ses procédés les enseignements de la tradition. Les artistes allaient de ville en ville apprendre et travailler, sans qu'on tînt compte du lieu de leur naissance. Les écoles véritables étaient les monuments que les peintres de tous les pays enrichissaient de chefs-d'œuvre; c'étaient l'église d'Assise, Santa-Maria-Novella, Sainte-Croix de Florence, le Campo Santo de Pise. Tous les talents s'y mêlaient, s'y perfectionnaient dans une admirable harmonie. Comment distinguer ce que chacun recevait ou apportait? Comment attribuer à une seule école le mérite d'un grand peintre? L'école ombrienne réclame Raphaël. C'est en effet parmi les quelques peintres qui la composent que se lève l'aurore de sa gloire; mais n'apprit-il pas beaucoup plus à Florence que dans l'atelier du Pérugin, et ne fut-ce pas l'étude des antiques de Rome qui compléta son génie? Le fondateur de l'école qu'on appelle romaine n'était plus Ombrien, lorsqu'il convertissait à son style son vieux maître.

Nous avons vu la peinture sortir des catacombes, décorer les basiliques chrétiennes de ces mosaïques si bien nommées par Ghirlandaio *la vraie peinture pour l'éternité*. Ses développements ne furent pas rapides, au milieu des malheurs qui désolèrent l'Italie, pendant l'invasion des Lombards et les luttes du Sacerdoce et de l'Empire ; on la suit cependant de siècle en siècle, dans les monuments et les manuscrits, et il est facile de distinguer un style très-indépendant de l'art byzantin et se rapprochant beaucoup plus que lui de l'art antique, par la simplicité des lignes et la noblesse de la composition. Son essor date surtout de la formation de ces républiques italiennes, protégées par les Papes contre l'oppression allemande ou féodale. Florence, Pise, Sienne, Gênes, Venise, grâce à leur commerce et à leur organisation populaire, arrivent promptement à une incroyable prospérité. Il y a entre ces villes une émulation féconde en beaux monuments ; c'était à qui posséderait la plus magnifique cathédrale, et elles n'épargnaient rien pour réussir. Elles donnaient aux artistes des programmes semblables à celui du peuple de Florence, lorsqu'il s'agit de construire Notre-Dame des Fleurs : « Nous ordonnons à Arnolfo, architecte de notre Commune, de faire le projet pour sa reconstruction, avec une grandeur et une magnificence telles qu'il soit impossible à l'art et à la puissance de l'homme d'imaginer quelque chose de plus beau et de plus grand. »

Le progrès de la peinture commença en Italie, comme ailleurs, par celui de la sculpture. L'école de Pise perfectionna la forme par l'étude de l'antique et de la nature. Les premières œuvres de Nicolas de Pise sont des imitations évidentes de bas-reliefs anciens, dont on reconnaît les dispositions et les figures ; mais, dans les travaux qu'il exécuta ensuite à Naples, à Sienne, à Bologne, on distingue l'influence incontestable de notre art français, qui avait envahi l'Italie au nord et au midi avec les artistes allemands ou les princes normands et angevins. Ses élèves, et surtout André de Pise, contribuèrent beaucoup à retirer la vieille école italienne de sa routine séculaire.

Giotto inaugura vraiment pour la peinture en Italie une ère nouvelle, et ce fut à saint François d'Assise qu'il dut cette gloire. La légende franciscaine qu'il eut à peindre sur son tombeau émancipa l'art de ses compositions hiératiques. Il fallait, pour représenter les sujets contemporains, en étudier la vérité historique, la fidélité des costumes et la variété des expressions. Giotto le fit avec un incomparable talent : la peinture reçut de son exemple une impulsion prodigieuse. Il parcourait en conquérant toute l'Italie, laissant partout des chefs-d'œuvre et des élèves, établissant ces centres de progrès où des générations d'artistes se succèdent pour peindre de grands poëmes en l'honneur de Notre-Seigneur et des Saints : Assise, Florence, Padoue, Naples, le Campo Santo, dont les merveilles nous montrent encore l'art chrétien dans son unité et sa variété. Toutes les écoles donnent des noms à ce grand mouvement. Simon Memmi, Buffalmaco, Taddeo Gaddi, Lorenzetti, Giottino et le grand Orcagna, architecte, sculpteur et peintre comme Michel-Ange, mais, beaucoup plus que lui, artiste chrétien; tous avancent la perfection et préparent cette belle époque qui est la véritable Renaissance en Italie.

Un Pape en fut le promoteur et mérita, plus que Léon X, de donner son nom à son siècle. Nicolas V, après le Concile de Florence, où l'Église pacifiée reçut les hommages de l'Orient, voulut faire de Rome la capitale des sciences et des arts. Il y appela les savants, les artistes et les saints, et il était digne d'être à leur tête par son mérite, ses talents et ses vertus. La science l'avait élevé à la dignité suprême, et il vit toujours en elle l'aide la plus utile de la Religion. Son œuvre préférée était la formation des bibliothèques; celle du Vatican lui doit ses premières richesses; il achetait au poids de l'or les manuscrits, et ne redoutait pas l'étude de l'antiquité profane, les témoignages de l'histoire ne pouvant jamais nuire à la vérité.

Il protégea les arts avec la même intelligence, restaura les monuments de Rome, embellit les églises et pourvut à tous les détails du culte avec une grande magnificence. Il rêva pour le Vatican un plan gigantesque; il voulait en faire le Capitole du monde chrétien; mais la mort arrêta ses projets, il jeta seulement les fondements de la basilique de Saint-Pierre. Au moment de paraître devant Dieu, il le remercia publiquement des aptitudes qu'il avait reçues et qu'il avait consacrées à sa gloire. Nul n'était plus capable que lui de diriger son siècle dans la voie du progrès, et de conduire à sa perfection le mouvement de la Renaissance.

Ce mouvement se personnifie dans trois artistes, qui en font comprendre le mérite et les dangers. Brunelleschi, par l'étude des monuments antiques, rendit à l'architecture italienne son caractère national. L'ogive n'avait été qu'une importation étrangère, et, malgré le talent des grands architectes qui l'avaient employée pendant le treizième et le quatorzième siècle, elle n'avait jamais produit des édifices comparables à nos cathédrales de France. Brunelleschi réhabilita le plein cintre dont l'origine était étrusque et romaine. Il refit la vieille basilique de Constantin, en lui donnant quelque chose de l'élégance et des dispositions des églises du moyen âge. San-Spirito est un progrès sur Sainte-Marie des Fleurs, qu'il avait été chargé de terminer.

L'influence de Ghiberti fut moins heureuse sur la sculpture, quoiqu'il l'ait portée à une véritable perfection. Il la rendit trop indépendante des lignes de l'architecture, et l'égara même dans le domaine de la peinture, par le relief et le mouvement de ses figures, par la dégradation de ses plans et par ses fonds de paysages. Les portes principales du baptistère de Florence sont un chef-d'œuvre de composition et de ciselure ; mais nous croyons que les Grecs auraient donné la préférence à la simplicité et à la noblesse des bas-reliefs d'André de Pise, que Ghiberti voulut surpasser.

Le mouvement de la Renaissance est encore sensible dans les peintures de Masaccio. Le jeune artiste, en arrivant à Rome, peignit dans la chapelle de Saint-Clément cette histoire de sainte Catherine, qui offre toute la pureté, toutes les beautés de l'ancienne école chrétienne ; mais il se passionna pour les merveilles d'art que rendait le sol de la Ville éternelle ; et, de retour à Florence, il continua cette chapelle *del Carmine,* où la pensée religieuse commence à disparaître sous les recherches de la forme et les prétentions du naturalisme. Masaccio fut le précurseur et le maître de Raphaël. Sa composition de saint Pierre, payant le tribut de César, est une de celles qu'a dû le plus admirer et étudier l'élève de Pérugin.

Ces trois artistes de la Renaissance, Brunelleschi, Ghiberti et Masaccio, eurent pour contemporain et pour ami un saint religieux, qui ne leur était pas inférieur, mais qui resta plus fidèle aux traditions de l'art chrétien. Fra Angelico de Fiesole profita de tous les progrès que firent l'architecture, la sculpture et la peinture, à Florence et à Rome, dans la première moitié du quinzième siècle. En étudiant ses œuvres, on voit grandir sans cesse son talent ; mais ses pensées sont toujours les mêmes et ne s'égarent pas dans des rêves de gloire. Rien ne peut le séparer du Christ ; sa peinture continue à être un enseignement, une prière. Il restera toujours le modèle, le type parfait de l'artiste chrétien.

IX. LA RENAISSANCE. — DÉCADENCE DE L'ART CHRÉTIEN.

En disant que la Renaissance est l'époque de la décadence de l'art chrétien, nous attaquons un des préjugés les plus accrédités dans l'histoire.

Le seizième siècle est cité comme une des gloires de l'Église. Un Pape lui a donné son nom, et il semble que ce soit une impiété de contester le mérite religieux des œuvres de Raphaël et de Michel-Ange. Nous contredirions cependant tous les principes que nous avons formulés, si nous acceptions ces grands génies comme des artistes chrétiens, et si nous ne voyions pas, dans les doctrines de la Renaissance, une cause de ruine pour l'art.

Et d'abord, que veut dire ce mot : Renaissance? Que pouvait-on voir renaître après la naissance du Christ ? est-ce la vérité, la justice, la morale, les sciences et les arts? Les peuples avaient-ils quelque chose à envier aux temps anciens? Le Christianisme n'avait-il pas éclairé les intelligences, purifié les mœurs, amélioré la législation, protégé le droit contre la force et patronné la liberté ? Les connaissances humaines avaient grandi à la lumière de la science divine, et les monastères valaient bien les écoles d'Athènes et de Rome. Charlemagne et saint Louis avaient régné. L'architecture, la sculpture et la peinture avaient progressé jusqu'à la fin du quinzième siècle. Tous les grands artistes de la Renaissance étaient les élèves des maîtres qui les ont précédés.

Qu'est-ce donc que cette Renaissance, dont Florence fut le berceau et les Médicis les patrons? Ce fut la renaissance du paganisme dans les mœurs, la littérature et les arts. L'esprit humain s'était passionné pour les chefs-d'œuvre de l'antiquité, et, dans l'orgueil que lui inspirèrent ses découvertes et ses progrès, il ne voulut plus reconnaître l'autorité de l'Église. Il se déclara indépendant et juge de toute doctrine. Le Christ lui-même fut soumis au libre examen, et, comme Platon avait précédé l'Évangile, il parut plus savant de lui donner la préférence.

Le Christ fut banni des lois, de la politique, de l'État, de la famille et surtout du cœur de l'homme, qui voulut rester seul maître de ses actes. La doctrine véritable de la Renaissance est l'indépendance de la raison humaine, c'est-à-dire la révolte contre Dieu et son Église, l'hérésie la plus complète qu'on puisse imaginer, puisqu'elle résume et autorise toutes les erreurs. Cette doctrine a produit en religion la Réforme et en politique la Révolution; et sa dernière formule est le rationalisme, si en honneur de nos jours. Nous n'avons pas à exposer les résultats de cette doctrine sur la société; nous voulons seulement indiquer ses effets désastreux sur l'art chrétien au seizième siècle.

La Renaissance, en rendant l'art indépendant de l'Église, lui fit perdre les précieux avantages qu'il y avait trouvés. L'art n'eut plus cette unité de croyances, cette fraternité d'efforts, cette communauté de types et de symboles, qui assuraient sa puissance et ses progrès. Les artistes isolés suivirent leurs inspirations particulières; et, comme ils cherchaient avant tout la fortune et la gloire, ils les demandèrent aux princes qui pouvaient les leur donner. La corruption des mœurs était alors immense, et le patronage des Médicis et des débauchés de Florence devait les entraîner dans la voie fatale. La passion de l'antiquité païenne fut poussée jusqu'à un véritable culte idolâtrique. Aussi le talent des peintres et des sculpteurs dut-il s'exercer de préférence sur les nudités mythologiques. Il valait mieux, du reste, leur voir traiter les sujets profanes que les sujets religieux, puisque, pour plaire à leurs protecteurs, ils osaient prendre comme modèles de leurs madones et de leurs saintes des courtisanes célèbres dont les images impures souillaient ainsi les églises et le sanctuaire de la famille. L'art se faisait l'apôtre du vice; la société l'avait corrompu, et il augmentait par ses œuvres la corruption de la société.

Un grand homme, un saint religieux, voulut s'opposer au mal et lutter contre la Renaissance; il en arrêta un instant le cours par d'étonnantes victoires, mais il succomba et eut la gloire d'être martyr de l'art chrétien. L'histoire n'a pas encore rendu justice complète à Savonarole et ne l'a pas vengé des honneurs que les protestants ont voulu lui rendre, en lui élevant une statue comme au précurseur de Luther. Nul ne fut plus pur que lui dans sa doctrine et plus opposé par l'austérité de sa vie et de sa morale aux principes de la Réforme. Il combattit par tous les moyens le relâchement des mœurs et l'influence fatale des Médicis. Son action sur Florence fut prodigieuse. Pendant plusieurs années, il en fut l'apôtre et le maître; il y fit régner Jésus-Christ et organisa à sa gloire les plus belles fêtes de l'art.

Il faut lire, dans l'ouvrage de M. Rio, les pages admirables où l'auteur raconte le drame sublime du religieux Dominicain, ses poétiques débuts au couvent de Saint-Marc, ses prédications à Sainte-Marie des Fleurs, ses théories esthétiques, ses réformes dans la littérature, la musique et les arts, les chants, les processions d'enfants et de jeunes filles et les triomphes du génie chrétien sur le paganisme. La place publique de la voluptueuse Florence vit s'élever des bûchers, dont les flammes consumèrent, au chant du *Te Deum,* toutes les œuvres impures des poëtes de la Renaissance, les études du nu, les idoles ressuscitées et les parures de la débauche. Accusera-t-on Savonarole de vandalisme, lorsqu'il avait pour amis et pour admirateurs les plus beaux génies et les plus grands artistes de son siècle, Pic de la Mirandole, Ange Politien, Guicciardini, l'architecte Cronaca, les sculpteurs della Robbia, Boticelli, Lorenzo di Credi, Ghirlandaio, Le Pérugin, Michel-Ange et Baccio della Porta, qui devint fra Bartolommeo, pour pleurer, dans le cloître où il l'avait connu, le célèbre Dominicain?

Le bûcher de Savonarole fut la vengeance des libertins et des banquiers de Florence, dont il avait condamné les vices et les usures. La digue renversée, le torrent suivit son cours. La direction de l'art appartint aux Médicis; il y eut encore des artistes chrétiens, mais il n'y eut plus d'art chrétien. La Renaissance alla s'asseoir sur le trône Pontifical, avec Léon X, et la Cour romaine en prit les goûts et le langage (César Cantu, IX⁰ disc.). La liturgie même en reçut quelque atteinte. Ce fut certainement là une des grandes épreuves de l'Église, épreuve plus redoutable que la persécution, et qui prouve l'efficacité des promesses divines, car elle n'altéra en rien la pureté et la sainteté de la doctrine, mais elle servit de prétexte à la prétendue Réforme, et faussa pour des siècles les véritables principes de l'art.

L'esthétique de la Renaissance est encore la nôtre. Nous séparons le beau du vrai et du bien, dont il doit être la forme; et, quel que soit le sujet, nous ne demandons à l'artiste que la perfection du dessin et le charme de la couleur. Dès qu'il en revêt un sujet religieux, il passe pour un artiste chrétien, lors même qu'il est resté complétement étranger aux saintes pensées qu'il devait exprimer. Se contenter du beau naturel sans se préoccuper du beau surnaturel, de l'idéal divin, c'est méconnaître le but véritable de l'art et les droits du Christ sur la société. Les faux jugements sur les artistes de la Renaissance sont le grand obstacle à la rénovation de l'art chrétien. Aussi nous nous permettrons de contester ceux qu'on porte généralement sur Raphaël et sur Michel-Ange.

Raphaël est pour nous le génie incarné de la peinture, l'artiste le plus heureusement doué qui ait peut-être jamais existé. Son intelligence, d'une délicatesse extrême, saisit la beauté de toute chose et s'assimile les qualités qu'il voit dans les autres; il étudie le Pérugin, Léonard de Vinci, fra Bartolommeo, Michel-Ange, pour les surpasser par la pureté de son dessin, la sagesse de sa couleur et la noblesse de ses compositions; il comprend surtout l'art antique et en acquiert la sobriété, la mesure : on ne saurait dire ce qui manque à son talent. Et cependant, si nous le suivons dans sa vie si courte et si féconde, nous ne le voyons à aucune époque réunir les conditions essentielles de l'artiste chrétien.

Cette proposition révoltera sans doute ceux qui font de l'école ombrienne l'école mystique par excellence. On a écrit, pour le prouver, des pages plus poétiques que justes. Qu'est-ce que le mysticisme en peinture? L'expression des rapports surnaturels de l'âme avec Dieu, le rayonnement de l'amour acquis par la méditation et la prière, quelque chose enfin de l'idéal suprême, entrevu dans l'extase. On peut trouver des peintures mystiques dans l'école ancienne, à Sienne par exemple, et dans les cellules du couvent de Saint-Marc, mais non pas dans l'école ombrienne.

L'école ombrienne est peu nombreuse et encore moins homogène. Le Pérugin, son plus illustre représentant, s'est formé à Florence dans l'atelier d'André Verocchio, et c'est de son condisciple Léonard de Vinci qu'il tient la grâce et la suavité de son talent. Il reçut les traditions de l'ancienne école, mais il les affaiblit dans ses compositions par une élégance de pose et une coquetterie de détails qui rappellent les cours d'Urbin et de Mantoue. Il ne se borna pas à des sujets religieux, et se laissa entraîner aux fables et aux nudités mythologiques, comme le prouve son singulier tableau du Louvre, *le Combat de l'amour et de la chasteté.*

Le meilleur moyen d'apprécier un artiste chrétien est d'étudier ses Madones, la Vierge et l'enfant Jésus devant être les types les plus parfaits de l'idéal divin. Les Madones du Pérugin sont ravissantes, mais elles font plus rêver que prier; leurs doux visages et leurs grands yeux vous captivent et vous intéressent à l'enfant qui a déjà les mouvements gracieux de sa mère. Les Anges et les Saints qui les accompagnent sont de la même famille; ce ne sont plus les Madones majestueuses de l'école primitive ou les Vierges si recueillies de l'école de Sienne.

Les Madones de Raphaël sont encore plus belles que celles du Pérugin, mais elles sont moins chrétiennes. L'élève, pour surpasser le maître, abandonne les motifs traditionnels et cherche, dans la variété de ses compositions, à exprimer tout ce qu'il peut y avoir de grâce et de beauté dans une jeune femme et un enfant. Ce n'est plus la Mère de Dieu qui adore son Fils et le présente aux hommages des hommes; c'est une mère rayonnante de paix et de bonheur qui admire son enfant et veille sur lui avec tendresse. Les Vierges de Raphaël sont certainement son plus beau titre de gloire, mais il ne faut pas y voir une pensée pieuse que le peintre n'a pas eue; il a cherché la beauté, mais non la sainteté, qui est la beauté surnaturelle.

Quoi de plus ravissant que la *Vierge au voile* et *la Belle Jardinière* de notre musée? mais ces femmes charmantes, dont les traits et les mouvements sont si gracieux, représentent-elles la Vierge Immaculée, la Mère de Dieu, la Reine des anges et des hommes? Et ces beaux enfants nus rappellent-ils, par les moelleux contours de leurs membres et l'exubérance de leur vie, l'Emmanuel, le doux Agneau qui vient racheter le monde? Que serait-ce, si nous suivions la série nombreuse des Madones de Raphaël? nous y verrions le talent du peintre grandir, sans se rapprocher de l'idéal divin. Que de pages éloquentes n'a-t-on pas écrites sur ces Madones; que de pensées saintes et sublimes n'y a-t-on pas trouvées! Y voir cependant autre chose que des chefs-d'œuvre de peinture, c'est prouver qu'on ne sait pas voir l'âme de l'artiste dans ses tableaux.

Raphaël est-il religieux dans ses grands poëmes du Vatican? Là encore, les écrivains qui parlent de l'art sans le comprendre ont découvert une inspiration pieuse, une science théologique incomparable. Pour la composition des *Stanze,* le peintre a reçu, sans aucun doute, les conseils des savants de la Cour romaine et il en a profité avec un admirable talent. Ces pages historiques offrent non-seulement d'ingénieuses allusions aux événements contemporains, mais encore de nobles idées chrétiennes; mais la théologie de Raphaël ressemble à celle qu'il a représentée à la voûte de la première salle: elle est plus poétique que profonde, et la scène qu'elle domine n'indique pas une intelligence bien parfaite des choses divines. *Divinarum rerum notitia.*

On a voulu faire de *la Dispute du Saint-Sacrement* la somme théologique de la peinture. L'artiste a suivi très-librement le programme qui lui a été donné. La partie supérieure est la plus belle parce qu'elle se rapproche des traditions de l'ancienne école. Le Christ médiateur et pontife, entre la Vierge et saint Jean-Baptiste, se retrouve dans les tableaux des vieux maîtres et aux tympans de nos cathédrales; mais il faut beaucoup d'habileté pour expliquer le choix des Saints qui sont au ciel, leurs places, leurs poses et leurs expressions. Les groupes de la partie inférieure sont très-heureusement disposés;

cependant il est évident que le but principal de l'artiste a été de trouver de belles lignes pour sa composition, sans se préoccuper beaucoup du sujet. Nous croyons qu'il a mieux réussi dans *l'École d'Athènes* et *le Parnasse*, qui ne lui demandaient pas d'inspirations religieuses. Les *loges* sont d'admirables improvisations sur la Bible. L'Ancien Testament y est mieux traité que l'Évangile, parce qu'il offre des scènes plus variées et plus pittoresques. Pourquoi a-t-il encadré ces compositions, des fantaisies les plus gracieuses et les plus païennes de l'art antique? Les Amours, les Vénus, les Satyres et les Nymphes y représentent l'invasion de la Renaissance.

Faut-il chercher l'artiste chrétien à la Farnésine, dans le Banquet des dieux et le Triomphe de Galatée? Si on trouve dans ces peintures quelques qualités plastiques nouvelles, on peut constater aussi une décadence réelle dans l'ensemble de son talent. Cette décadence paraît, selon nous, dans la *Transfiguration* que la mort l'empêcha d'achever. Depuis plus de trois siècles, on répète que ce tableau est le chef-d'œuvre de Raphaël, son chant du cygne. Nous oserons dire, au risque d'être seul de notre avis, que c'est une composition défectueuse que l'on critiquerait sévèrement dans un autre artiste; elle manque d'unité, de vérité historique, de style même et de majesté dans la partie supérieure. Quant à la partie inférieure, il y a une confusion et un mélange de personnages que rien ne justifie. Le but a été de peindre de beaux morceaux et de larges draperies. C'est l'art qui est possédé du démon de la Renaissance, et le Christ seul peut le délivrer.

Malgré son génie, Raphaël ne pouvait faire mentir l'Évangile : servir deux maîtres, vivre avec le Christ et avec la Fornarina. Il est mort en pleine décadence, épuisé de travaux, de gloire et de volupté.

Raphaël avait tout ce qu'il fallait pour conduire l'art chrétien à sa perfection, mais il lui manqua les grandes traditions du Giotto et la pureté du peintre de Fiesole. Il se laissa entraîner par le torrent de son siècle, dans l'idolâtrie de la forme et le culte de l'antiquité païenne. Son incomparable talent consacra par des chefs-d'œuvre l'abandon des inspirations religieuses. Ses élèves le suivirent dans cette voie fatale, et personne ne dira que ce fut un progrès pour l'art.

Michel-Ange ne ressemble en rien à Raphël; c'est une figure unique dans l'histoire de l'art. Ce génie solitaire et sauvage était, comme le prouvent sa vie et ses vers, un chrétien convaincu ; et pourtant, il n'y a pas de rapports véritables entre ses croyances et ses œuvres. Il comprenait et admirait l'école ancienne du Giotto et d'Orcagna, et nul artiste ne lui fut plus étranger. Son talent se forma dans le jardin des Médicis, où il étudia les statues antiques, mais il se passionna surtout pour l'anatomie. Le beau lui apparut dans le corps humain, et son idéal fut le gigantesque. Il ne traita que des sujets religieux, mais il y revêtit de muscles ses pensées, sans se douter de l'inconvenance de ses nudités.

Son chef-d'œuvre, le *Jugement Dernier*, de la chapelle Sixtine, a scandalisé l'Arétin lui-même, qui se révolte de cette profanation du lieu saint et demande au Pape de la faire cesser. « Est-il possible, écrivait-il, que le grand Michel-Ange ait voulu montrer autant d'impiété religieuse que de perfection artistique ? Est-il possible que vous, si supérieur aux hommes, que vous dédaignez leur société, vous ayez fait cela dans le temple de Dieu, sur l'autel de Jésus, dans la plus illustre chapelle du monde, dans un lieu où les Cardinaux de l'Église, où les prêtres les plus vénérables et le Vicaire du Christ, confessent, contemplent et adorent son corps, son sang et sa chair ? Votre œuvre eût plutôt convenu à une salle de bains qu'à une si auguste assemblée ? Nos âmes n'ont-elles pas plus besoin du sentiment de la piété que de la vigueur du dessin ? Que Dieu donc inspire la Sainteté de Paul comme il inspira la Béatitude de Grégoire, qui préféra déparer Rome de ses superbes statues antiques, que de priver, à cause de leur perfection, du respect des fidèles, les humbles images des saints (César Cantu). »

L'influence de Michel-Ange sur l'art a été désastreuse, et ce n'est pas à l'art chrétien seulement qu'il a nui, c'est à l'art de la Renaissance ; il en a été le corrupteur par ses excentricités inimitables, en peinture, en sculpture, comme en architecture. Sa chapelle Sixtine est un prodige d'audace et de dessin. La voûte surtout est d'un effet écrasant : les Titans ont réussi à escalader le ciel. Ces prophètes, ces sibylles, ces figures nues à tous les âges et dans toutes les attitudes, renversent, malgré leur mérite, toutes les lois du goût. Tout est sacrifié à ces emportements du génie : les dimensions de l'édifice, les lignes de la perspective, et ces belles fresques des peintres de Florence et de Pérouse, derniers chefs-d'œuvre de l'école chrétienne en Italie. L'exagération de Michel-Ange est la même en sculpture. Quelles beautés n'a-t-on pas trouvées dans son *Moïse*, où il s'est représenté plus lui-même que le chef du peuple de Dieu ! Quelles louanges n'a-t-on pas données à ses statues de tombeaux, destinées à des églises et qui auraient déparé des sépultures païennes ! Il fut aussi, en architecture, une cause de décadence par la recherche du colossal, par ses arcs surbaissés et ses détails trop saillants. Il a passionné les artistes de tous les pays, et il a perdu tous ceux qui ont voulu l'imiter.

Non-seulement la Renaissance a séparé l'art, des inspirations et des traditions religieuses, mais encore elle lui a ravi son unité, sa puissance. Au moyen âge comme à l'époque de Phidias, l'artiste était à la fois architecte, sculpteur et peintre, parce qu'il travaillait, à l'ombre du temple, à une œuvre complète. Il excellait dans une partie de l'art, mais il connaissait toutes les autres, et c'est ce qui augmentait son talent. Tous les grands artistes de la Renaissance sont sortis des ateliers chrétiens du quinzième siècle ; mais, après eux, ces ateliers n'ont plus existé. Chacun s'est choisi une spécialité et a suivi ses goûts et sa fortune. L'art s'est divisé ; l'architecture n'a plus enseigné à la sculpture la noblesse des lignes et la beauté des proportions, et la sculpture n'a plus donné à la peinture la science et le sentiment de la forme.

L'artiste, ne travaillant plus pour l'Église, chercha des Mécènes parmi les riches et les puissants. Il dut servir leur goût et soumettre son talent à toutes leurs fantaisies. L'architecte bâtit des châteaux au lieu d'élever des cathédrales. Les bustes de princes remplacèrent, pour le sculpteur, cette multitude de statues dont il ornait le portail des églises. Le peintre fut le plus occupé. On lui commanda des tableaux, mais ce ne furent pas des tableaux de dévotion. La mythologie avait triomphé du christianisme. Un paganisme sans idéal plaisait davantage, et donnait l'occasion de peindre des nudités ; le nu a été la passion de la Renaissance. Les plus sages se réfugièrent dans l'étude de la nature et dans les réalités de la vie bourgeoise. Leurs œuvres offrirent du moins un charme véritable et sans danger. Un beau paysage de Claude Lorrain ou une bonne scène flamande sont bien préférables aux divinités de Rubens et aux bacchanales de Jordaens.

Il est curieux de suivre l'invasion de la Renaissance italienne en Europe et d'en observer les différents résultats. Elle fut moins désastreuse en France que dans les autres pays. Notre génie national sut profiter des progrès de l'art italien, sans perdre ses qualités naturelles. Il corrigea les défauts de son architecture du quinzième siècle, tout en conservant la grâce et la délicatesse de son ornementation. Il créa les admirables châteaux de

Gaillon, de Chambord, de Chenonceaux, qui sont une des gloires artistiques de la France, mais il échoua dans l'architecture religieuse. L'église de Saint-Eustache est un triste spécimen de la Renaissance. Son plan et ses proportions, empruntés à notre style ogival, sont défigurés et encombrés par des détails classiques sans rapport avec l'ensemble. Les sculpteurs que Charles VIII ramena d'Italie en 1495 influencèrent aussi l'art français. Les frères Juste remplacèrent dans la faveur royale Michel Colombe et ses neveux qui formèrent notre dernier atelier chrétien. Les élèves égalèrent au moins les maîtres, et les statues de Jean Goujon et de Germain Pilon rivalisèrent avec celles de Benvenuto Cellini.

Le château de Fontainebleau fut notre école de peinture. Le progrès fut lent, mais enfin la France put se glorifier de deux grands artistes, supérieurs, au point de vue chrétien, aux peintres de la Renaissance. Nicolas Poussin surpassa, par la science et la sévérité de son style, les Carrache, le Dominiquin et le Guide, ses contemporains. S'il se préoccupa plus, dans ses compositions, des règles de l'art que des sentiments de piété, il traita toujours les sujets religieux avec une intelligence véritable et une parfaite convenance. Tous ses tableaux sont médités et profondément pensés.

Le Sueur est un artiste chrétien qu'on ne saurait trop admirer. Nul ne lui est comparable dans l'école française. Quoiqu'il n'ait jamais été à Rome, il sut s'approprier, mieux que tout autre, les qualités des maîtres italiens, dont il étudia les tableaux et les gravures. S'il n'a pas toujours la pureté du dessin de Raphaël et la solidité de sa peinture, il s'élève jusqu'à lui dans quelques compositions, dans la *Prédication de saint Paul à Éphèse*, par exemple, dans le *Martyre de saint Gervais et de saint Protais*, mais il le surpasse beaucoup par le sentiment religieux. Sans parler de sa *sainte Véronique* et de sa *Descente de croix* du musée, il suffira de citer sa *Vie de saint Bruno*, dont le style noble et vrai l'égale au Giotto et à fra Angelico lui-même, dans leurs légendes de saint Dominique et de saint François. On a peine à comprendre comment, au dix-septième siècle, un peintre ait pu posséder et exprimer cette virginité de pensée, cette délicatesse de sentiments, ce calme, cette sobriété de geste qui conviennent si bien à l'art religieux.

Comment oublier, en parlant de l'art chrétien, l'ancienne école flamande qui en est une des gloires les plus pures, et qui a été une des victimes de la

Renaissance? Elle était née à l'ombre de la cathédrale de Cologne, au quinzième siècle. Son enfance s'était exercée sur le vélin des manuscrits. Maître Wilhelm et maître Stephan développèrent ses qualités charmantes et son caractère national. Ce n'est pas le grand art traditionnel ni la recherche de l'idéal; c'est le sentiment chrétien dans sa simplicité, c'est la prière faite en famille plutôt que la liturgie de l'Église.

L'artiste prend ses modèles dans son intérieur et s'efforce de mettre les vertus des Saints sur le visage de sa femme et de ses enfants. Il ne craint pas de prêter à la Vierge et à l'enfant Jésus les scènes de naïve tendresse dont il est le témoin; mais du moins son naturalisme est plein d'innocence et de pureté. Les fonds de ses tableaux reflètent une vie heureuse et paisible. Le ciel est lumineux et l'horizon transparent; les détails y abondent : les arbres, les fleurs, les animaux, les oiseaux, toute la création est là comme un hommage reconnaissant au Créateur. Cette école se répand dans les Flandres, à Gand, à Bruges, à Anvers, qui rivalisaient alors par leur richesse et leur puissance avec les républiques italiennes. Les frères Van Eyck peignent leurs chefs-d'œuvre, la *Source de Vie* et le *Triomphe de l'Agneau ;* Roger de Bruxelles, les *Sept sacrements,* et Memling, les tableaux de l'hôpital Saint-Jean et le poëme ravissant de la *Châsse de sainte Ursule.*

L'école de Bruges se maintient dans sa pureté pendant tout le quinzième siècle, au milieu des guerres et du luxe des ducs de Bourgogne. Ses peintres allaient en pèlerinage à Rome; les artistes italiens les fêtaient, les admiraient, mais ils ne se laissaient pas séduire et résistaient à la passion de l'antique et de la mythologie. Ce fut au commencement du seizième siècle que Gossart de Maubeuge subit l'influence fatale de la Renaissance; elle augmenta rapidement sous le règne si peu catholique de Charles-Quint, et la peinture flamande renia son passé, pour se livrer à l'imitation servile de l'Italie. Frans Floris surtout revint fou de Michel-Ange et entraîna ses compatriotes dans la voie nouvelle. Parmi ses nombreux élèves, quelques-uns lui furent supérieurs. Les Porbus, Martin de Vos et Otto Venius eurent des qualités réelles et traitèrent les sujets religieux avec convenance, mais ils n'arrêtèrent pas la décadence que précipita le talent de Rubens.

Celui qui admire dans Rubens autre chose que la richesse de sa palette, son habileté de main et sa prodigieuse fécondité, est incapable de comprendre, nous ne disons pas l'art chrétien, mais l'art de la Renaissance. Ce faux grand seigneur, qui aimait autant l'argent que le faste et les honneurs, séjourna longtemps en Italie et en étudia les maîtres. Il crut les imiter, il ne fit que les parodier. L'éclat tumultueux de ses couleurs ne ressemble en rien à la vérité, à l'harmonie de l'école vénitienne. Son dessin fougueux et boursouflé est ce qu'il y a de plus opposé à la noblesse de Raphaël et à la science de Michel-Ange. Il n'eut jamais l'intelligence du beau et plaça son idéal dans l'exubérance de la chair et la somptuosité des étoffes. Ses draperies ont la mollesse et l'embonpoint de ses muscles, et c'est dans ses portraits seulement qu'il échappe au trivial. Nous ne discuterons pas les mérites de ses compositions profanes, de son histoire mythologique de Marie de Médicis, de ses kermesses et de ses bacchanales, mais nous protesterons de toutes nos forces contre ses tableaux religieux. Nous avons vu l'admiration factice des touristes devant ses chefs-d'œuvre d'Anvers, sans pouvoir la partager, et nous regretterons toujours les éloges que l'on donne à l'abus d'un pareil talent. La vulgarité des types est poussée jusqu'à l'inconvenance, et la mise en scène, la pose des personnages, la nullité des expressions, la bizarrerie des costumes nous semblent une véritable profanation de l'art chrétien. Rubens est l'artiste qui a le plus faussé le goût artistique en Europe, et, si ses nudités ne sont pas un danger pour les mœurs, c'est qu'elles révoltent trop par leur matérialisme grossier.

L'Espagne, où Rubens fut ambassadeur, subit son influence, et, sous un certain rapport, Murillo appartient à son école. On dit qu'au moment de sa mort, un vieux peintre espagnol, après avoir reçu les derniers Sacrements, prit un morceau de charbon dans l'encensoir éteint de l'enfant de chœur, et traça sur la muraille une tête de Christ, comme un acte de foi et une prière suprême. L'enfant de chœur était Murillo, qui reçut ainsi sa première leçon de dessin : elle lui porta bonheur. Il suivit, à ce qu'il paraît, dans ses débuts, les traditions de l'école chrétienne, et peignit de petits tableaux et des bannières pour le peuple et les confréries. La rencontre d'un élève de Van Dyck lui donna le désir de visiter l'Italie et la Flandre. Il multiplia ses compositions pieuses, les vendit dans les foires, et les expédia en Amérique pour se procurer des ressources de voyage. Il partit à vingt-cinq ans, mais, arrivé à Madrid, la protection de Velasquez, son compatriote, lui ouvrit les galeries, les palais où étaient réunis les chefs-d'œuvre de la Renaissance ; il y trouva, avec les toiles du Titien et de Paul Véronèse, des tableaux de Rubens et de Van Dyck : son sort était fixé. Il resta en Espagne, pour en être le grand coloriste.

Murillo ressemble à Rubens par sa verve, sa facilité d'exécution et son étonnante fécondité; mais il lui est supérieur par le charme de sa couleur et l'usage chrétien de son talent. Il était sincèrement religieux, et la foi espagnole n'eût pas accepté les débauches païennes du peintre flamand. Le pinceau de Murillo s'exerça sur tout ce que le soleil éclaire. Il se joue dans ses rayons et y trouve les nuances les plus riches et les effets les plus piquants. Il s'en sert pour tous les sujets : mendiants, estropiés, grands seigneurs, femmes espagnoles au balcon, moines en prières, paysages, fleurs, animaux, tout lui est bon pour y faire briller la couleur. Les réalités les plus vulgaires sont même pour lui l'occasion de montrer davantage son talent. Il improvise aussi dans la lumière une foule de sujets religieux; il a peine, malgré son incroyable facilité, à satisfaire toutes les églises et tous les monastères qui lui en demandent.

La piété de Murillo n'est pas celle du saint religieux de Fiesole, peignant à genoux et en pleurant d'amour ses Christs et ses Vierges; c'est la piété de l'Espagnol qui habille ses Madones à la mode du jour et qui danse dévotement aux processions du très-saint Sacrement. Il est même à remarquer que ses Vierges et ses Saints sont moins religieux que les personnages qui les accompagnent. Il n'a pas de visions du ciel, et il n'ose copier les types de la terre, tandis qu'il rend avec énergie la foi qui brille sur le visage de ceux qui l'entourent. Ses Vierges surtout manquent souvent de pureté et de noblesse dans l'expression, la pose et l'ajustement. Ses grands anges rappellent ceux de la Renaissance, et les petits chérubins dont il peuple ses nuages ressemblent trop, avec leurs ailes, aux Amours de l'Albane. Sous tous les rapports, Murillo est bien plus religieux que Rubens. On ne trouve certainement pas dans ses tableaux de piété les inconvenances commises par les peintres de la Renaissance, mais il n'y faut pas chercher non plus une grande élévation de style et les modèles de l'idéal chrétien. La lumière qui les éclaire n'a rien de surnaturel, et les personnes qui verraient dans son harmonieuse transparence les reflets mystiques de l'extase, seraient sans doute sous le charme d'une illumination intérieure, comme sainte Cécile, qui chantait pieusement dans son cœur, en entendant des concerts profanes.

La Renaissance ne nuisit pas seulement à l'art chrétien en lui ôtant ses croyances et ses traditions, elle le persécuta encore par la Réforme et la Révolution qui furent les conséquences logiques de sa doctrine, l'indépendance absolue de la raison humaine. Le seizième siècle vit renaître la fureur des iconoclastes. Les protestants ne se contentèrent pas de briser les images ; ils renversèrent les monuments. Qui pourrait dire les ruines qu'ils firent en Allemagne, les chefs-d'œuvre qu'ils détruisirent dans les Flandres ? Un auteur dont on ne peut suspecter le témoignage, W. Cobbett, a raconté le pillage des abbayes et des bibliothèques, en Angleterre, et ce que firent pour les sciences et les arts Henri VIII, le cynique bourreau, et sa digne fille, la *reine vierge* Élisabeth. Les huguenots, pendant les guerres civiles qu'ils excitèrent en France, saccagèrent les églises, brûlèrent les reliques et mutilèrent les statues ; mais leurs exploits ont été bien surpassés par les révolutionnaires de 93, pendant le règne affreux de l'athéisme et de la déesse Raison. Que d'églises renversées, de châteaux brûlés, de chefs-d'œuvre anéantis ! Jamais invasion de barbares ne causa tant de ruines, et ces ruines, on peut les mettre au compte de la Renaissance, puisqu'elles sont la conclusion de son principe, la négation de l'autorité de Dieu et de l'Église.

L'art chrétien a-t-il péri sous ces ruines ? Faut-il nous borner à l'admirer dans le passé sans espérer de le voir renaître dans l'avenir ? Nous ne le croyons pas, et nous pouvons dès maintenant donner des preuves de sa vitalité.

Qu'est-ce, en effet, que ce mouvement universel de l'esprit public, qui, depuis quarante ans, ramène les études vers ces monuments et ces traditions du moyen âge que les sinistres ravages du siècle dernier semblaient avoir détruits ? N'est-ce pas là l'action divine subjuguant l'histoire et la science, et les contraignant à rendre témoignage contre elles-mêmes et à proclamer la vérité, en réfutant les mensonges répandus en leur nom ? Aussi peut-on dire que l'archéologie est pour l'art ce que la philosophie est pour la religion : un peu en éloigne, beaucoup y ramène.

Le même courant entraîne les nations catholiques et les nations protestantes. Les peintres qui ont illustré la nouvelle école allemande ne sont-ils pas venus de Lubeck et de Francfort à Rome, et n'ont-ils pas trouvé dans les basiliques et les cloîtres les notions du grand art et la lumière de la foi catholique? L'Angleterre est venue à son tour étudier et reconquérir en Normandie et dans l'Ile-de-France, cette architecture chrétienne qu'elle en avait autrefois reçue, et que son sol longtemps inculte voit enfin refleurir. Dans l'ordre théorique, littéraire et scientifique, amis et ennemis sont à l'œuvre et fouillent les débris du passé, interrogeant les ruines et les archives, recueillant les moindres restes échappés au pillage, au feu et au marteau des révolutions. Aujourd'hui tous ces débris sont disputés, acquis au poids de l'or, comme si le progrès moderne était jaloux de surpasser l'engouement des artistes et des princes du seizième siècle.

L'art du moyen âge, méconnu et bafoué au dix-septième siècle, et dont le dix-huitième se flattait d'anéantir les derniers vestiges, cet art si profondément chrétien, a été de nos jours prôné et glorifié par ceux-là mêmes qui comprenaient le moins le mystère de son immortelle beauté. Voltaire, énumérant les monuments de la ville de Paris dans son histoire du siècle de Louis XIV, avait supprimé Notre-Dame. Ses disciples, au contraire, furent les premiers à entreprendre la monographie de cette cathédrale, et les plus empressés à concourir à sa restauration. L'on peut dire que les savants de la Renaissance ne montrèrent pas plus de zèle pour recueillir les œuvres de l'antiquité païenne que les archéologues de nos jours n'ont mis de passion à réhabiliter les monuments de la civilisation chrétienne.

Cet immense travail ne devait pas rester infructueux; aussi, en peu d'années, nous avons vu germer et refleurir sur le sol ravagé de la France et de l'Angleterre, jusqu'en Amérique et aux extrémités de l'Asie, toute cette végétation artistique que les orages de la Révolution et de la Réforme avaient pour un temps desséchée. Là même où la souche semblait déracinée, de nouveaux jets surgissent : la sève remonte, et assure aux générations nouvelles les bienfaits de son inépuisable fécondité.

Sans sortir de cette Rome qui a été le berceau de l'art chrétien, faut-il compter pour rien la découverte de l'Emporium qui livra naguère à Pie IX les marbres que les derniers Césars avaient amassés et destinaient à décorer des temples et des palais qui ne devaient jamais être construits? D'où vient que ces carrières avaient échappé à toutes les fouilles antérieures? Ces dernières épaves de la civilisation païenne gisaient presque à fleur de terre au pied de l'Aventin. Elles attendaient le jour et l'heure marqués pour leur mystérieux emploi. Aujourd'hui elles sont tributaires de saint Pierre. Pie IX, le glorieux captif du Vatican, possède les marbres de l'Emporium, et ces marbres transformés semblent se multiplier sous sa main. Il les distribue aux évêques, aux missionnaires, aux pèlerins de l'Ancien et du Nouveau Monde, et ces pierres, marquées du sceau pontifical, vont au loin décorer les autels et former les assises d'innombrables sanctuaires.

Cette consécration, renouvelée des temps primitifs, n'est-elle pas un présage de renaissance pour l'art chrétien, et un symbole de la perpétuité de sa mission divine?

Le temps des luttes et des incertitudes touche à son terme : la science a reconstitué la trame des traditions; ses fouilles profondes ont creusé un lit où le fleuve de vie doit reprendre son cours. Déjà la foi des peuples offre à l'art de nouvelles inspirations. Non contente de réparer, d'agrandir et de multiplier les églises, la piété renaissante demande à l'architecture d'autres monuments, où la sculpture et la peinture retraceront et glorifieront, non-seulement la vie du Christ, depuis l'humble crèche de Bethléem jusqu'au sommet du Calvaire, mais aussi ses conquêtes et ses bienfaits, depuis les merveilles de la Pentecôte, jusqu'aux prières que l'Église adresse au Sacré-Cœur de Jésus pour obtenir le salut de Rome et de la France.

E. CARTIER.

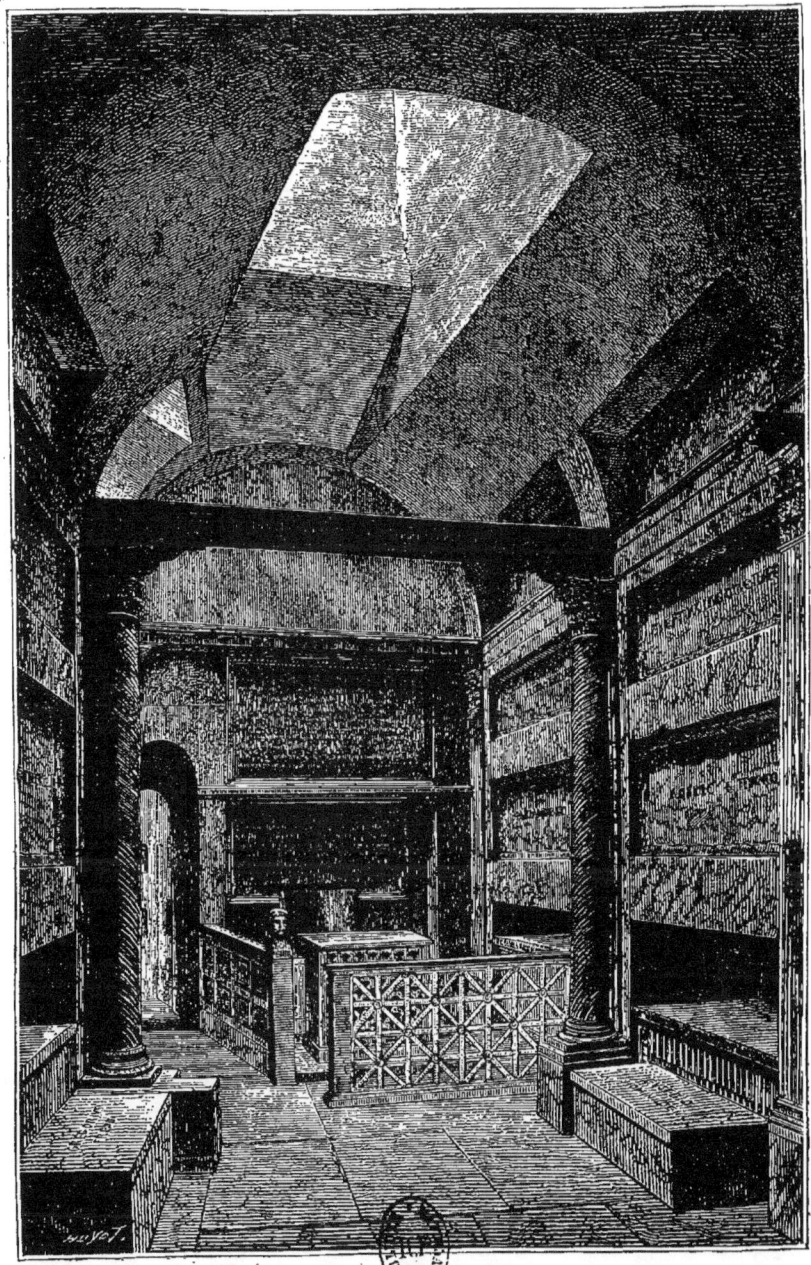

Intérieur de la crypte de saint Calliste, dite aussi *crypte des papes* (catacombes de Rome), restitué par M. de Rossi. IIIe siècle. — Cette crypte, réservée d'abord à la famille Cæcilia, devint, par les soins de Calliste, qui en renouvela les dispositions, le lieu de sépulture des papes durant le troisième siècle. Elle servait à la fois de chapelle et de cimetière : sous un portique à colonnes et en dedans d'une balustrade un autel fut élevé à la place même où reposait sainte Cécile; le long des murailles, couvertes d'inscriptions et de peintures, étaient superposées les tombes (*loculi*) des chrétiens.

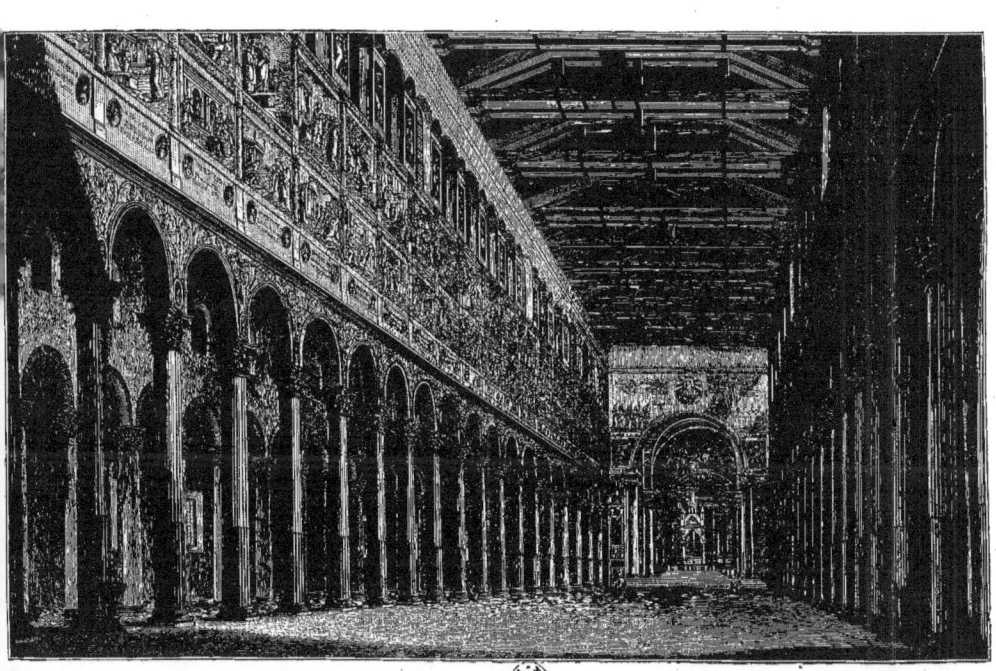

Basilique latine : Intérieur de la basilique Saint-Paul hors les murs, à Rome, construite par les empereurs Théodose, Arcadius et Honorius (386-423) et détruite dans l'incendie de 1823. D'après Panini. — Cette basilique était ornée de peintures du cinquième siècle et de la collection des portraits des souverains pontifes, commencée par saint Léon le Grand en 461 et continuée jusqu'à nos jours.

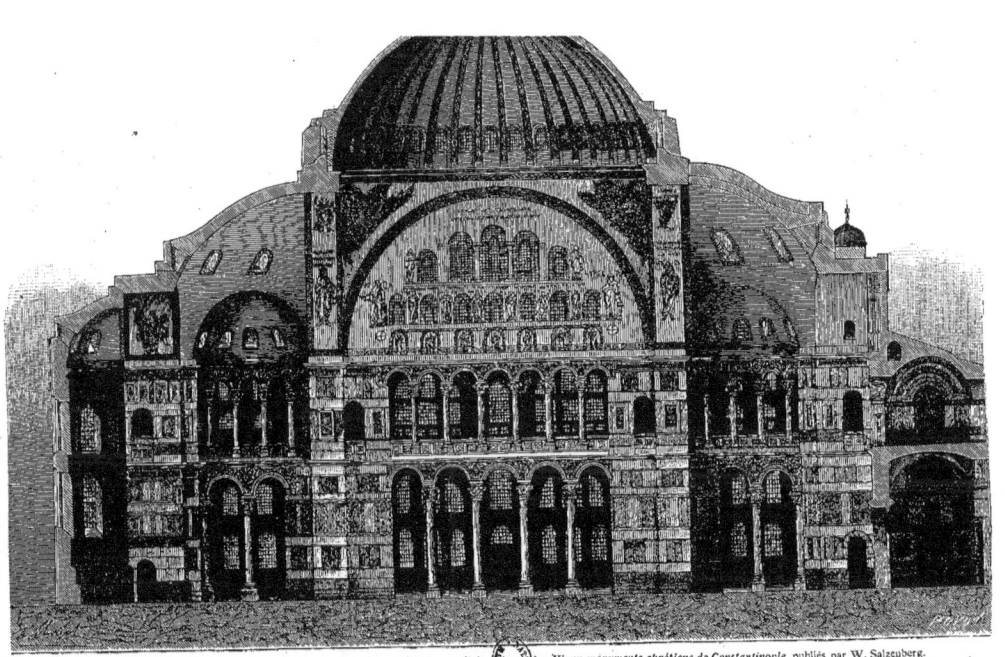

Architecture à coupoles : Coupe de l'église Sainte-Sophie de Constantinople. vɪᵉ siècle. — les *Vieux monuments chrétiens de Constantinople*, publiés par W. Salzenberg.

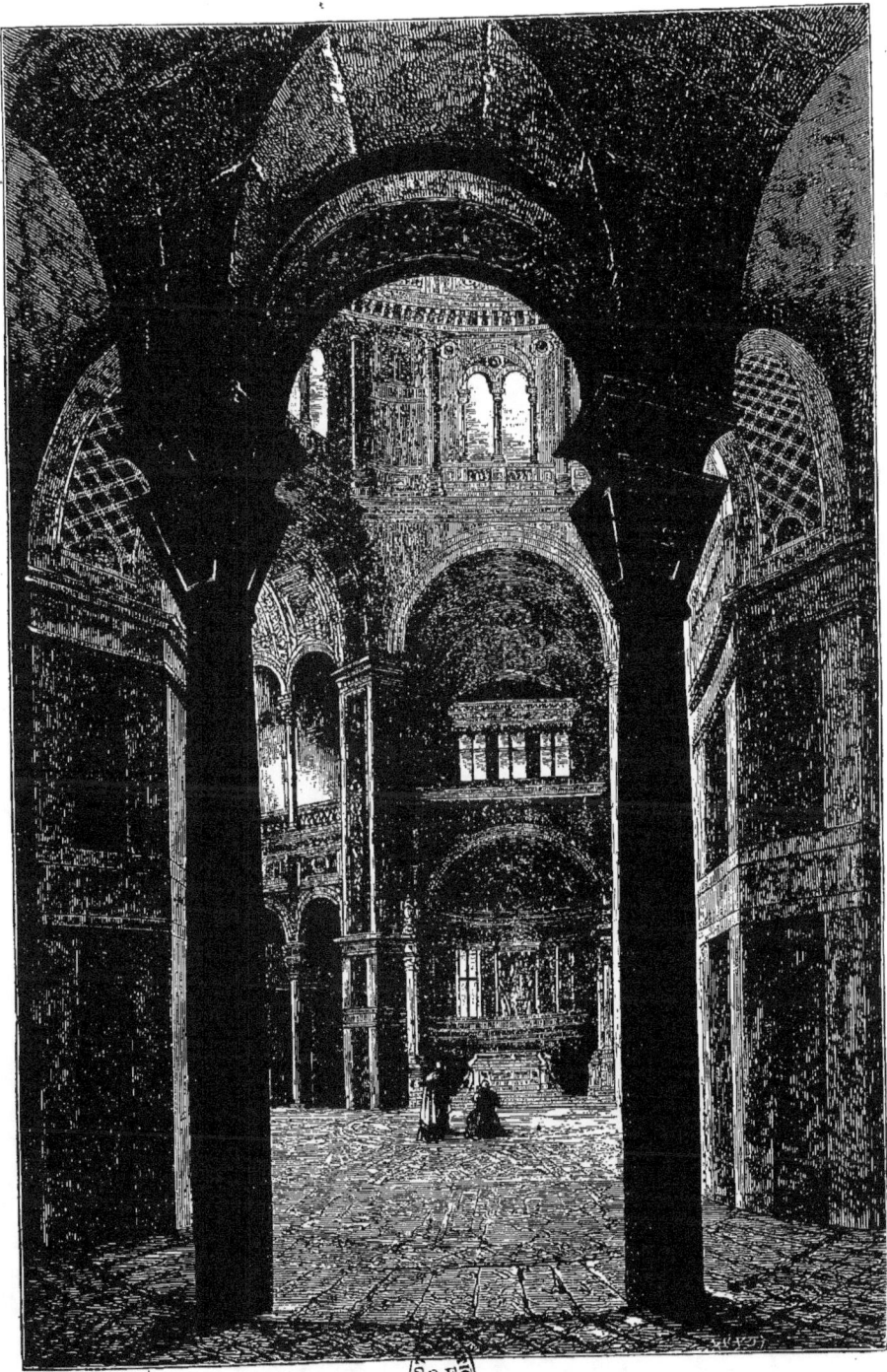

Intérieur de l'église Saint-Vital, à Ravenne, construite par Justinien. vi^e siècle.

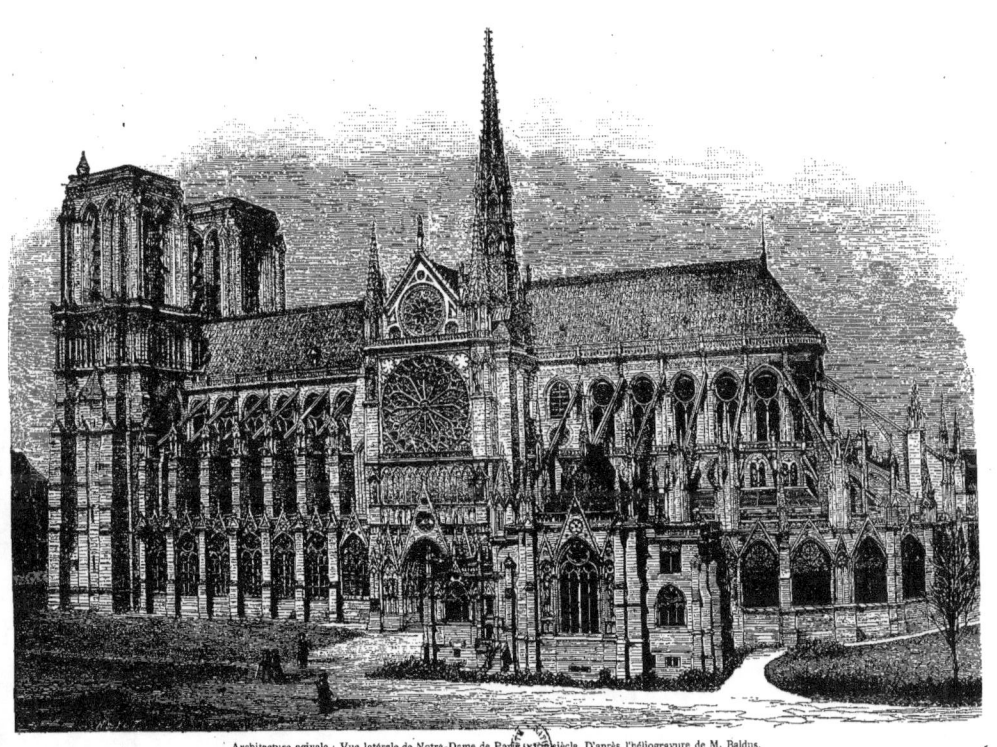

Architecture ogivale : Vue latérale de Notre-Dame de Paris (XIIIᵉ siècle). D'après l'héliogravure de M. Baldus.

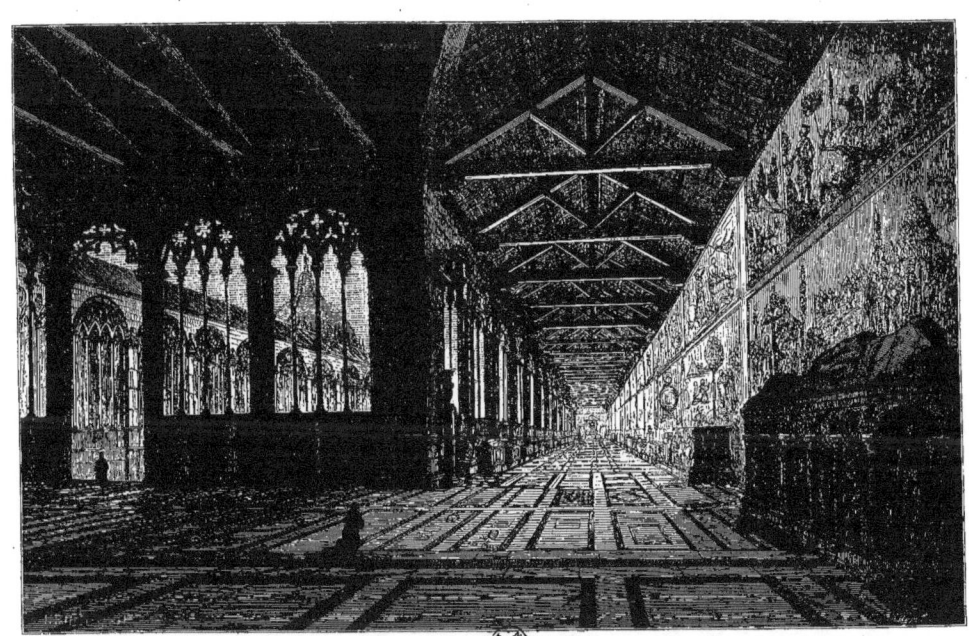

Cloître du Campo Santo de Pise, célèbre par les admirables fresques de Giotto, de Simone Memmi, d'André Orcagna, de Benozzo Gozzoli, etc. Fin du XIIIe siècle et commencement du XIVe.

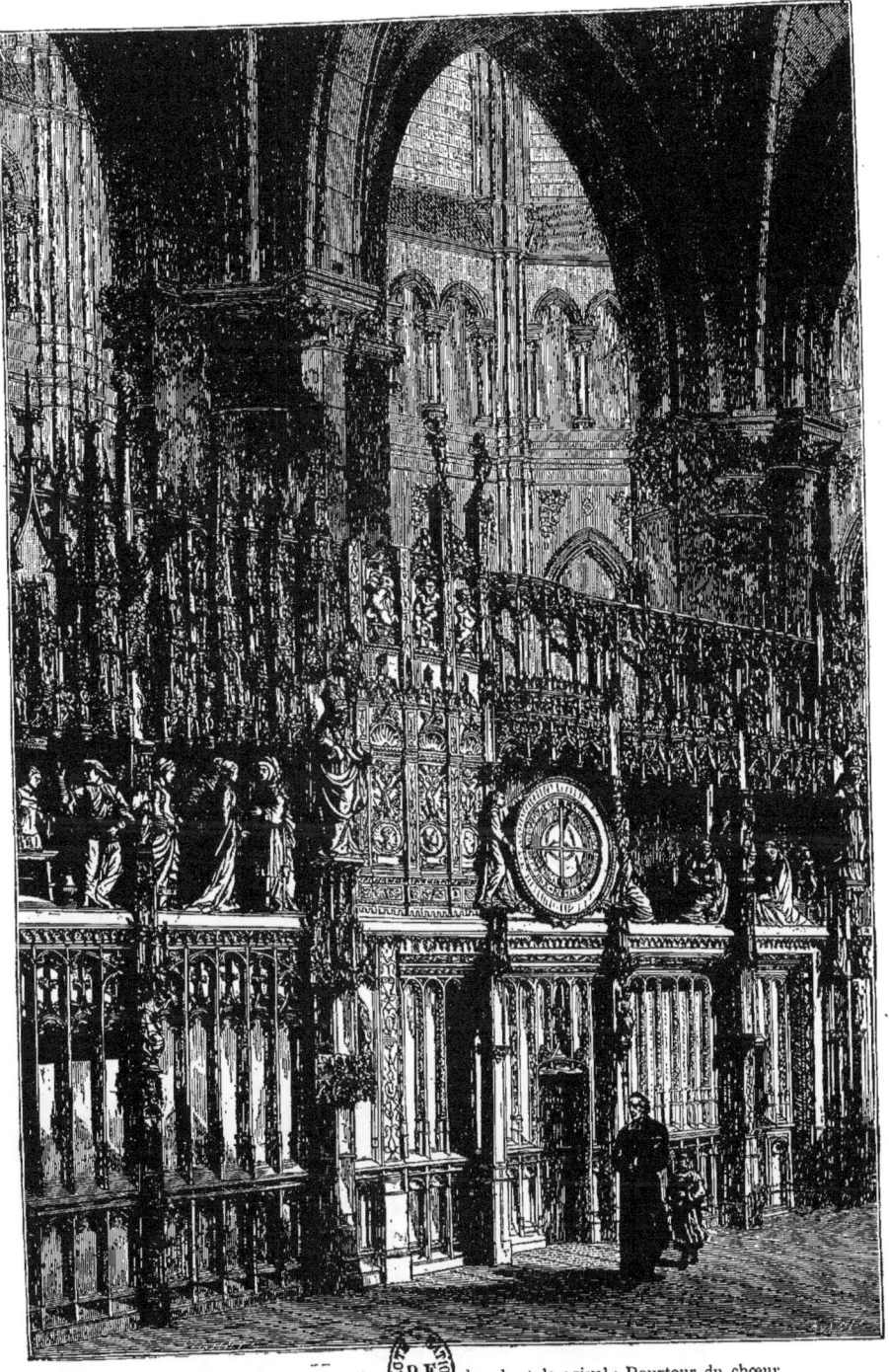

Alliance de la sculpture avec l'architecture dans le style ogival : Pourtour du chœur de Notre-Dame de Chartres. XVᵉ siècle.

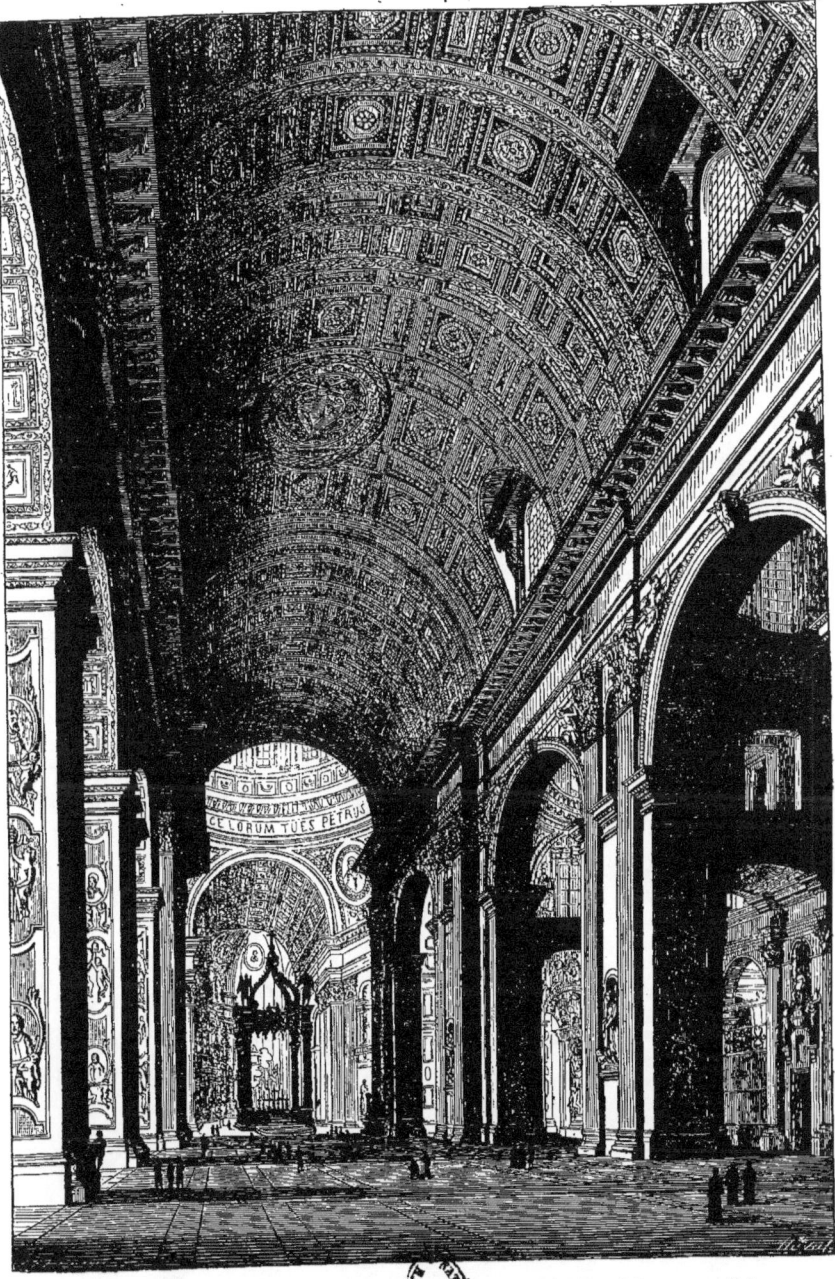

Architecture de la Renaissance : Intérieur de la basilique de Saint-Pierre, à Rome. XVIᵉ siècle.

www.ingramcontent.com/pod-product-compliance
Lightning Source LLC
Chambersburg PA
CBHW070143230526
45471CB00002B/495